Italien.
Russland.
Matrose.
Marinearzt.
Seeoffizier.
Seeoffizier.
Seesoldat.
Österreich-Ungarn.
Matrose.
Seekadett I. Kl.
Seeoffizier.
Quartiermeister.
W0266092

KRIEGSSCHIFFE
IM 19. JAHRHUNDERT

ULRICH ISRAEL
JÜRGEN GEBAUER

Kriegsschiffe im 19. Jahrhundert

GONDROM

Vorderseite des Einbandes

Während des Deutsch-Dänischen Krieges um Schleswig und Holstein errichteten die Dänen eine Seeblockade gegenüber den deutschen Küsten. Am 17. März 1864 unternahm ein preußisches Geschwader unter Kapitän zur See Jachmann, bestehend aus der Gedeckten Korvette «Arcona», Bauj. 1858 (Bildmitte); der Glattdeckskorvette «Nymphe», Bauj. 1863; dem Radaviso «Loreley», Bauj. 1859 (links im Bild), und 6 Dampfkanonenbooten, einen Vorstoß gegen das weit überlegene dänische Blockadegeschwader unter Konteradmiral von Dokkum, zusammengesetzt aus dem Linienschiff «Skjold», den Fregatten «Själland» und «Tordenskjold» sowie den Korvetten «Heimdal» und «Thor». Die preußischen Schiffe erzielten mehrere Treffer auf den großen gegnerischen Einheiten, die deren taktische Maßnahmen stark einschränkten. Aber auch «Arcona» und besonders «Nymphe» mußten bis zu 60 Treffer im Rumpf und vor allem in der Takelage hinnehmen, wobei insgesamt 6 Mann fielen. Nach 2½stündigem Gefecht konnten sich die preußischen Schraubenschiffe nach Swinemünde in Sicherheit bringen

Rückseite des Einbandes

Die farbige Lithographie zeigt eine Radfregatte aus der Mitte des 19. Jahrhunderts. Das Schiff hat eine Wasserverdrängung von etwa 1500 t und eine vereinfachte Barktakelage, wobei aber Fock- und Großmast zusätzlich mit Gaffelsegeln versehen sind. Antriebsanlage und Radkästen setzten die Bestückung bei einem solchen Schiff im Vergleich zu einer gleich großen Segelfregatte um etwa 10 Geschütze je Bordseite herab. Dadurch war der Dampfer um 12 Geschütze in der Batterie und 8 weitere an Oberdeck schwächer armiert als der vergleichbare Segler. Die Bewaffnung des abgebildeten Schiffes wird einschließlich der beiden sichtbaren Heckgeschütze aus 24 Rohren in der Batterie und etwa 10 schwenkbaren Bombengeschützen an Oberdeck bestanden haben. Die Maschinenleistung betrug laut Bildunterschrift 350 PS (258 kW)

Vorsatz vorn und hinten

Zeitgenössische Darstellung einer Auswahl europäischer Marineuniformen um 1860

Uniformen der deutschen Marine. Von l. n. r.: Maschinen-Ingenieur (Gala), Kadett, Heizer-Unteroffizier, Unterleutnant (Gala), Kapitänleutnant im Überrock, Admiral (Gala), Kapitän (Gala), Leutnant im Überzieher, Korvetten-Kapitän (Überrock), Deckoffizier, Vize-Säbel-Kadett, Feldwebel

Gegenüber dem Titel

Das 1876 vom Stapel gelaufene britische Panzerschiff «Inflexible» mit zwei Geschütztürmen in Diagonalaufstellung. Jedes dieser vier 406-mm-Vorderladergeschütze wies eine Masse von 81 t auf.

Das Foto von diesem Linienschiff ist um 1896 entstanden

ISBN 3-8112-0626-5

INHALT

60 JAHRE, DIE JAHRHUNDERTE ÜBERHOLTEN

Die ökonomische Entwicklung der Gesellschaft und das Wachstum ihrer Produktivkräfte haben, seitdem es ein Militärwesen gibt, gesetzmäßig auf dieses eingewirkt. So ist auch die Entwicklung der Seestreitkräfte sehr eng mit der Geschichte der sozialökonomischen Formationen verknüpft. Besonders anschauliche Beispiele dafür lieferte der hier zu betrachtende Zeitraum vom Ende der 20er bis Ausgang der 80er Jahre des 19. Jahrhunderts, als sich Ergebnisse der industriellen Revolution auch im Marinewesen niederschlugen. Diese Jahrzehnte fallen größtenteils in die zweite Hälfte jener von 1789 bis 1871 reichenden Epoche, die Lenin als die Epoche des Aufstiegs und des vollen Sieges der Bourgeoisie bezeichnete.

Die Panzerfregatte «Friedrich Carl» (ab 21.1.1902 «Neptun») ist 1867 als Batterieschiff und Schiff II. Ranges in Toulon für die preußische Marine fertiggestellt worden. In Preußen selbst war man noch nicht in der Lage, solche gepanzerten Schiffe zu bauen. Die Masten bestanden erstmalig aus Stahlrohren, über die zugleich verbrauchte Luft aus dem Schiffsinnern nach außen abgeleitet wurde. Die «Friedrich Carl» war von Anfang an mit Kruppschen Hinterladern (16 Ringkanonen, 210 mm) bestückt, obwohl die englischen Armstrong-Vorderlader zu jener Zeit noch überlegen waren. Das als Bark getakelte Schiff verdrängte nach der Indienststellung bei einer Länge von 94,14 m und einer Breite von 16,6 m 6932 t. Im Jahre 1906 ist es in den Niederlanden nach Verkauf abgewrackt worden

Große Fortschritte im Hüttenwesen und in der Metallurgie, die Anwendung neuer Erkenntnisse im Maschinenbau, in der Feinmechanik, im Schiffbau, auf dem Gebiet der Elektrotechnik, der Ballistik und nicht zuletzt im Bereich der Chemie führten in rund 60 Jahren zu einer grundlegenden Veränderung des vordem jahrhundertelang beibehaltenen Aufbaus und der Bewaffnung der Kriegsschiffe. Das wiederum wirkte sich entscheidend auf die Zusammensetzung der Seestreitkräfte und die Seekriegskunst aus.

Hinter den vielen Neuerungen und Verbesserungen standen handfeste Geschäftsinteressen der Montanindustrie, der Waffenproduzenten und der Werften, denn der Bau von Kriegsschiffen entwickelte sich zunehmend zu einem äußerst profitträchtigen Industriezweig, der für den eigenen Staat wie auch in wachsendem Maße für ausländische Regierungen produzierte. Seine Erzeugnisse nahmen vor allem die Staaten ab, deren herrschende Klassen nach überlegener Militärmacht, besonders nach Seeherrschaft, strebten. Zu dieser Zeit stand der Kapitalismus der freien Konkurrenz an der Schwelle des Übergangs zum Monopolkapitalismus bzw. Imperialismus. Die dem kapitalistischen System innewohnenden Widersprüche

Der britische Raddampfer «United Kingdom» verdrängte 1000 t und verfügte über eine Dampfmaschine von 147 kW Leistung. Der Kupferstich von E. W. Cooke, der das Schiff im Jahre 1829 zeigt, weist durch die Stückpforten auf militärische Verwendungsmöglichkeiten hin. Während des Krimkrieges sind zahlreiche zivile Schiffe mit Geschützen bestückt worden. Raddampfer haben meist zwei schwere Bombenkanonen in Oberdecksaufstellung erhalten, denn die Breitseiten konnten nur verhältnismäßig wenig Geschütze kleineren Kalibers aufnehmen

spitzten sich nach außen in einen mit Erbitterung geführten Konkurrenzkampf zwischen den entwickelten kapitalistischen Staaten zu, äußerten sich aber vor allem in einem gesteigerten Expansionsdrang in jene Gebiete, die in Kolonien bzw. Halbkolonien verwandelt werden sollten. Die führenden Kolonialmächte jener Zeit waren Großbritannien und Frankreich, und natürlich wollten sie ihre Stellung nicht nur halten, sondern auch ausbauen.

Länder wie die USA oder Deutschland, deren Wirtschaft besonders seit den 70er Jahren des 19. Jahrhunderts eine bemerkenswert rasche Entwicklung genommen hatte, verfügten dagegen aufgrund verschiedener Ursachen über keinen bzw. einen relativ kleinen, zudem kaum ergiebigen Kolonialbesitz. Bei der Aufteilung der Welt in Kolonien und Einflußsphären waren sie zu spät gekommen, und sie begannen nun um so konsequenter auf eine Neuaufteilung der Welt zu drängen. Dadurch eskalierte die Gefahr kriegerischer Auseinandersetzungen. Das bedingte sowohl bei den alten wie auch bei den auf-

Deutschland war bei der Aufteilung der Welt in Kolonien und Einflußsphären zu spät gekommen und ging im 19. Jahrhundert bei der Eroberung neuer Kolonien besonders aggressiv vor. Die Abbildung zeigt einen deutschen Kreuzer vor der afrikanischen Küste. Sie macht deutlich, welche Bedrohung dieses Schiff für die Eingeborenen darstellte

strebenden jungen Mächten ein starkes Ankurbeln der Rüstung. Besonderes Interesse fand dabei die Marinerüstung, weil nur mit kampfstarken, möglichst überlegenen Seestreitkräften expansive Interessen auch in von den eigenen Landesgrenzen weit entfernt liegenden Gebieten verfolgt werden konnten. Zugleich bot eine entsprechend ausgebaute Seekriegsflotte die Möglichkeit, den Gegner durch Handelskrieg auf dessen überseeischen, oftmals lebenswichtigen, Seeverbindungen zu schädigen, seine Transporte von und nach den Kolonien zu unterbrechen oder zu verunsichern, Häfen zu blockieren, ja, eigennützig weitere Kolonialisierungsabsichten zu durchkreuzen. Andererseits verkörperte eine starke Flotte Seemacht, mit der überseeische Verbindungswege erfolgreich gesichert, andere, nach der Seeherrschaft strebende Staaten zurückgeschlagen und neue Kolonien erobert werden konnten. Doch auch schon in Friedenszeiten bildeten Seestreitkräfte ein wirksames Mittel, um Druck auf andere Staaten auszuüben. Allein mit der Präsenz von Kriegsschiffen konnte gedroht, konnten der Diplomatie stählerne Fäuste verliehen werden. Von Bedeutung war dabei für jene Zeit, daß sich See-

Torpedo und Lancierrohr für den Überwasserschuß von einem Schiff aus. War das Trägerfahrzeug in Fahrt, gab es große Schwierigkeiten beim Zielen. Und da die frühen Torpedos nur eine geringe Laufleistung aufwiesen, mußte bis auf wenige 100 m an den Gegner herangefahren werden. Doch dann waren die Fahrzeuge dem Feuer der eigens zur Abwehr von Torpedoträgern entwickelten Schnelladegeschütze ausgesetzt. Die Verbesserung der Leistungsparameter von Torpedos wurde mit leistungsstärkerem Geschützmaterial beantwortet. Trotzdem blieb der Torpedo eine gefürchtete Waffe

Gefechtsszene auf einem Kampfschiff, wie sie sich im Deutsch-Französischen Krieg 1870/71 abgespielt haben könnte: Links feuert die Enter-Division – Matrosen und Seesoldaten – mit Gewehren auf den Gegner. Die Marsrah stürzt herab. Der Lotse ist getroffen worden. Eine Einschußstelle am Schornstein wird geflickt, ein verwundeter Matrose aus dem Mars hinabgelassen

streitkräfte bei der herrschenden Freiheit der Meere jederzeit in umstrittene Meeresgebiete umgruppieren ließen. Kurzum: Jeder entwickelte Staat, der es sich leisten konnte und der Zugang zum Meer hatte, vermeinte, über eine starke und moderne Flotte verfügen zu müssen. So kam es seit den 50er Jahren des 19. Jahrhunderts nach dem Entwicklungshöchststand der Segelschiffsflotten, ihrem nach dem Krimkrieg einsetzenden raschen Niedergang und ihrer beginnenden Ablösung durch eisengepanzerte Dampfkriegsschiffe mit einer qualitativ neuen Schiffsartillerie zu einer ständigen Steigerung der Kriegsschiffneubauten in immer größeren Dimensionen. Ständig verbesserte Maschinenanlagen, Panzerungen und Geschütze sollten gegenüber den Konkurrenten einen Vorsprung und Überlegenheit erzielen. Der einsetzende Wettlauf zwischen Panzerung und panzerbrechender Artillerie führte wechselseitig zu immer neuen Herausforderungen der Waffenproduzenten wie der Montanindustrie. Die sich zeitweise buchstäblich überschlagenden technischen Neuerungen im Kriegsschiffbau wurden überlagert, verworfen oder bekräftigt durch Kriegserfahrungen, die zu neuen taktischen Überlegungen und zu weiteren technischen Verbesserungen führten.

Bürgerliche Historiker stellen dies in Frage mit dem Hinweis, daß es in dieser Zeit keine entscheidenden Seeschlachten gegeben habe, die allein einen maßgeblichen Einfluß auf die Entwicklung in Technik und Taktik hätten ausüben können. Dabei übersehen sie geflissentlich eine ganze Reihe von historischen Ereignissen, die etwas anderes beweisen. So wurden die generellen Einsatzmöglichkeiten erster britischer Kriegsdampfer im Kolonialkrieg gegen Burma 1824/

1826 und gegen China ab 1836 erprobt. Im Annexionskrieg der USA gegen Mexiko 1846/48 wurden Dampfkriegsschiffe bereits in stärkerem Maße eingesetzt. Das Gefecht von Eckernförde 1849 und die Schlacht von Sinope 1853 brachten den Beweis für die vernichtende Brand- und Sprengwirkung von Granaten gegen hölzerne Kriegsschiffe. Der Krimkrieg 1853/56 bewies den Wert gepanzerter Dampfschiffe und der amerikanische Bürgerkrieg 1861/65 die Verwendbarkeit drehbarer Geschütztürme sowie die von Unterwasserwaffen. Nach den ersten kriegsmäßigen Einsätzen der Seemine 1848, 1853/56 und 1864 gab es nach dem Sezessionskrieg schon wesentlich erweiterte Erkenntnisse für die Verwendung und die Abwehr der «Teufelseier». Und schließlich verdeutlichte die Schlacht von Lissa (Vis) 1866 die Wiederbelebung der Rammtaktik für den Nahkampf der Flotte, gewissermaßen als Ersatz für die Entertaktik, die mit der Ära der Segelkriegsschiffe aufgekommen war.

Es wurde experimentiert und teilweise überhastet nach neuen Wegen gesucht, was natürlich Fehlentwicklungen, Rückschläge und Kuriosa, die auch ohne Gegnereinwirkung zahlreiche Schiffe und viele Menschenleben kosteten, einschloß. So gingen in diesem Zeitraum nach Einführung des Rammbugs mehr Schiffe durch Kollisionen als durch Rammstöße im Gefecht unter, was auf mangelhafte Manövrierfähigkeit und Beherrschung der Schiffe schließen läßt. Aufgrund des beharrlichen Strebens nach militärischer Überlegenheit und der damit einhergehenden oftmals überstürzten Indienststellung ständig neuer Schiffstypen mit wechselnder Anordnung von Segeltakelage, Panzerung und Geschützen bei laufend veränderten Schiffsgrößen und Geschützkalibern sahen die Flotten bunt zusammengewürfelt aus. Das änderte sich erst Anfang der 90er Jahre, als die Flottenführungen nach und nach mehr Klarheit über die Zweckmäßigkeit und die Einsatzspektren der verschiedenen Schiffsklassen gewannen. In gewissen Grenzen kam es sogar schon zum Serienbau von einheitlichen Schiffstypen, wobei es freilich immer noch nicht ohne Variationen abging.

Mitte der 80er Jahre setzte sich – jedenfalls bei den Panzerschiffen – eine völlige Abkehr von der Besegelung durch. Bei den Kreuzern dauerte dies bis zur Jahrhundertwende. Das reine Panzerschiff, jetzt schon wieder als Linienschiff bezeichnet, bestimmte das Aussehen der Flotten. Neben dem Einsatz leistungsfähiger, effektiver arbeitender Dampfmaschinen und Kesselanlagen, die den Fahrbereich der Kriegsschiffe erheblich vergrößern halfen, hat darauf auch der Ausbau von überseeischen Stützpunktsystemen zur Brennstoffergänzung (Bunkerstationen) einen nicht unwesentlichen Einfluß ausgeübt.

Die Einführung des Torpedos in die Bewaffnung der Seestreitkräfte brachte die Entwicklung spezieller Trägerfahrzeuge, aber auch von Abwehrwaffen in Gestalt der Schnellfeuergeschütze mit sich. Das Tauchboot entwickelte sich allmählich zu einer einsatzfähigen Unterwasserwaffe. Ausgeklügelte, wirkungsvolle Mechanismen für Minen bildeten ein streng gehütetes Geheimnis jedes Staates.

Allein schon dieser kurzen einführenden Betrachtung ist zu entnehmen, wie vielschichtig das Marinewesen in den rund sechs Jahrzehnten seit den beginnenden 30er Jahren des 19. Jahrhunderts war. Bei dem vorgegebenen Umfang für dieses Buch mußte also erheblicher Mut zur Lücke aufgebracht werden. Es können daher nur die grundsätzlichen und charakteristischen Hauptlinien der Entwicklung im Marinewesen jener Zeit skizziert werden sowie die Tatsache, welch hohen Stand Wissenschaft und Technik damals schon erreicht hatten, was Schöpferkraft und Können von Ingenieuren und Konstrukteuren, Technikern und Facharbeitern vermochten. Diese z. T. heute noch imponierenden technischen Leistungen und technologischen Prinzipien sind jedoch von den herrschenden Kreisen der führenden Staaten vor allem zu einem Zweck gefördert worden: Krieg im Interesse des Profits zur expansionistischen und annexionistischen Stärkung ihrer Basis zu führen. Die wissenschaftliche Beweisführung dafür erbrachte als Zeitzeuge in zahlreichen, mit großer Sachkenntnis geschriebenen Artikeln und Abhandlungen kein Geringerer als Friedrich Engels, auf dessen Schriften wir uns bei der Erarbeitung des Manuskripts in vielen Details stützen konnten.

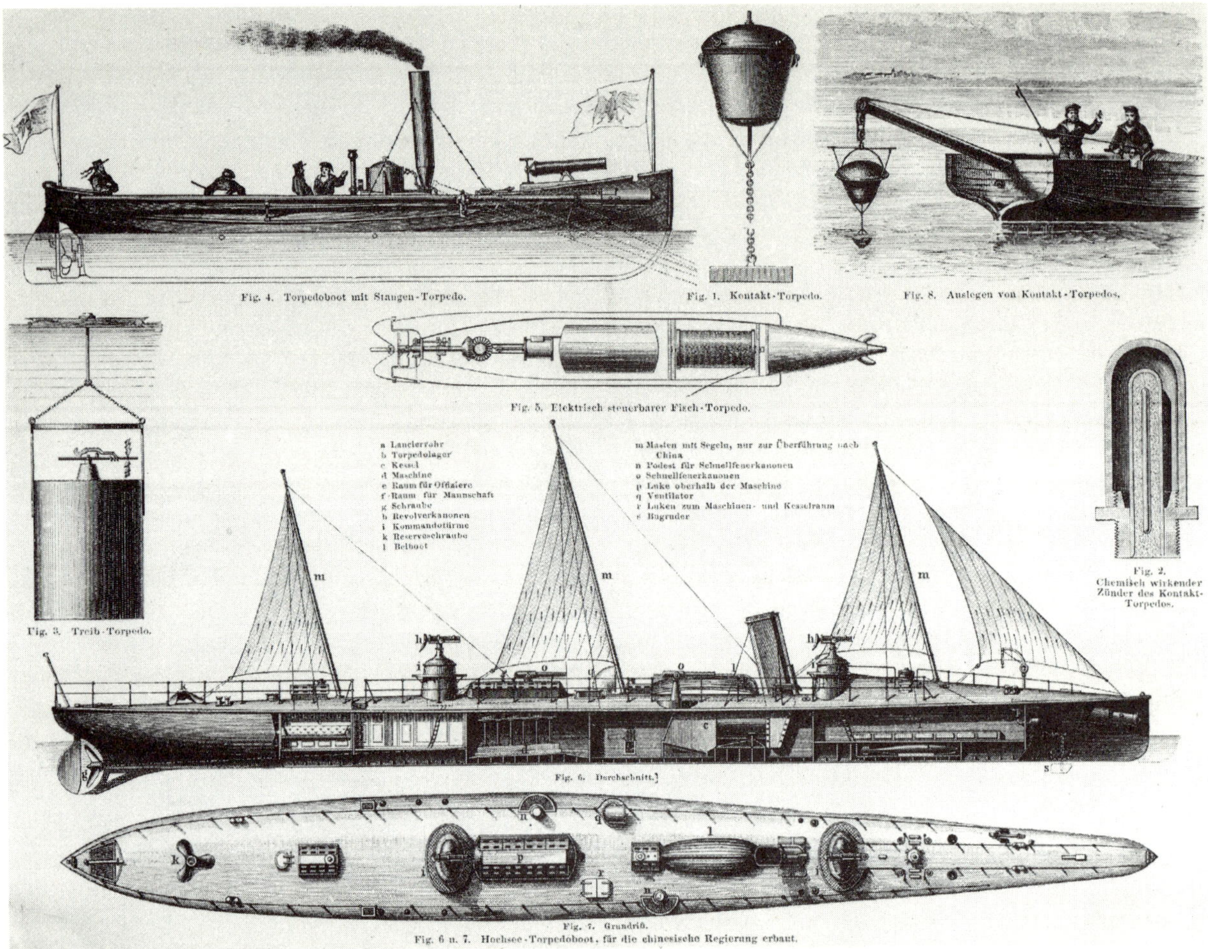

Entwicklungsschritte im Minen- und Torpedowesen des 19. Jahrhunderts. Besonders bemerkenswert ist die Darstellung eines Torpedobootes – auf einer europäischen Werft für China gebaut – mit Hilfsbesegelung

SEGEL UND DAMPF

Durch das Aufkommen der dampfgetriebenen Kriegsschiffe vollzog sich etwa ab 1850 ein tiefgreifender Wandel in den Seestreitkräften der Welt.

Insbesondere als im Ergebnis des Krimkrieges 1853 bis 1856 die Entwicklung eisengepanzerter und mit qualitativ verbesserten Geschützen bestückter Dampfschiffe einsetzte, bedeutete dies das unwiderrufliche Ende der Segelkriegsschiffe herkömmlicher Bauweise. Obwohl sich die Segelkriegsflotten in der ersten Hälfte des 19. Jahrhunderts noch ständig weiterentwickelten, technisch und taktisch vervollkommnet wurden und erst um 1850 den höchsten Grad ihrer Kampfkraft erreichten, setzte zu dieser Zeit ihr rasanter Niedergang und Verfall ein. Ebenso rasant, wenn auch nicht geradlinig und ohne zeitweilige Stockungen, ging die Herausbildung der Dampfschiffe mit immer neuen Schiffstypen und -klassen vor sich. Die allgemeine Einführung der Dampfmaschine als hauptsächlicher Schiffsantrieb unter Verwendung der Vortriebsmittel Schaufelrad und Propeller, die Verwendung von Eisen und dann von Stahl als Bau- und Schutzmaterial für Kriegsschiffe und schließlich ein qualitativer Sprung in der Entwicklung der Schiffsartillerie führten dazu, daß viele der vor allem zwischen 1854 und 1889 gebauten Schiffe durch die teilweise langen Bauzeiten schon nicht mehr den mit ihrem Bauauftrag verbundenen Ansprüchen genügten. Sie waren schon veraltet, ehe sie vom Stapel liefen.

Als ein Ergebnis der fortschreitenden industriellen Revolution entstanden grundsätzlich erneuerte und wesentlich veränderte Seestreitkräfte. Dieser Prozeß brachte es mit sich, daß eine Zeitlang in den Kriegsflotten hölzerne Segler und gepanzerte Dampfer mit Holz- und Eisenrümpfen teils «reinrassig», teils in den verschiedenen Kombinationsformen nebeneinander bestanden. Vorübergehend gab es das Alte und das Neue gleichzeitig. Dementsprechend bunt war das Bild, das der Schiffsbestand der Seekriegsflotten bot.

Hölzerne Segellinienschiffe, die bereits im Krimkrieg das Gros der Flotten und ihre Hauptkampfschiffe gebildet hatten, waren auch noch in den 60er Jahren in erheblicher Zahl vorhanden, größtenteils als Schraubenschiffe. Sie dienten als Reserveschiffe, als Wohn- und Ausbildungsfahrzeuge und Hulks für verschiedene Zwecke. Die *Schraubenlinienschiffe* hatten eine Größensteigerung bis auf 6770 t erfahren und trugen bis zu 136 Geschütze in geschlossenen Batteriedecks und an Oberdeck, hier meist vorn

Mit der Erfindung der Schiffsschraube bzw. des Propellers rüstete man Segellinienschiffe nachträglich mit Dampfmaschinen für den Antrieb aus. Eines dieser Schiffe war das britische Schraubenlinienschiff «Duke of Wellington» (im Bild), das 6071 t verdrängte und 131 Kanonen an Bord hatte. Das Foto von diesem Schiff stammt aus dem Jahre 1852. Bei einer Leistung von 1470 kW handelte es sich hier um ein Segelschiff mit Hilfsmaschine

und achtern. Die bei ihnen eingebauten Dampfmaschinen von etwa 368 bis 588 kW Leistung waren für diese Schiffe zu schwach, sie dienten nur als Hilfsantrieb, während die Segel nach wie vor den Hauptantrieb bildeten. Weit verbreitet waren noch Segelfregatten und -korvetten, sowohl als Stationsschiffe im Ausland, als Ausbildungs- und Reserveschiffe, aber auch als Forschungsschiffe. Die *Fregatten* hatten im allgemeinen ein geschlossenes Batteriedeck und eine Oberdecksbatterie sowie Bug- und Heckgeschütze. Insgesamt umfaßte ihre Bestückung 36 bis 60 Rohre.

Die Klasse der Korvetten war in gedeckte und ungedeckte Schiffe aufgeteilt worden. *Gedeckte Korvetten* führten außer einem geschlossenen Batteriedeck einige Geschütze an Oberdeck, teils in der Breitseite, teils auf dem Vorschiff als Jagdgeschütze angeordnet. *Ungedeckte* oder *Glattdeckskorvetten* waren die ursprünglichen Korvetten, bei denen die gesamte Bestückung frei an Oberdeck hinter dem Schanzkleid und teilweise auf dem Vor- und Achterschiff stand.

Zu diesen Schiffen zählten auch die *Sloops* der britischen und nordamerikanischen, die Klipper der russischen sowie die größeren *Avisos* der französischen Marine, wobei es Schiffe mit Barktakelung, aber auch solche mit Vollschiffbesegelung gab.

Unter den Fregatten und Korvetten fand man nur noch wenige «reine» Segelschiffe, die meisten waren Mitte des 19. Jahrhunderts mit Dampfmaschinen aus-

Der britische Panzerkreuzer 1. Klasse «Black Prince» von 9210 t erinnert mit seiner Takelage, dem Bugspriet und der Heckgalerie noch stark an die Segelschiffszeit, wenngleich seine liegende Trunkmaschine von Penn bereits 3874 kW geleistet und damit eine Geschwindigkeit von 12 kn ermöglicht haben soll. Die Hauptbewaffnung bestand aus 14 Vorderladern vom Kaliber 230 mm. Die Abbildung zeigt das Schiff nach der Indienststellung 1861. «Black Prince» war das Schwesterschiff der «Warrior» – des ersten britischen schraubengetriebenen Panzerfahrzeugs. Beide waren die letzten Großkampfschiffe des Inselreichs, die noch eine Galionsfigur erhalten hatten. Die 2 Schornsteine wurden teleskopartig eingezogen, wenn die Schiffe unter Segel fuhren

gerüstet, wobei sich die Schaufelrad- und Schraubenschiffe Mitte der 50er Jahre nahezu die Waage hielten, ehe dann innerhalb von wenigen Jahren die Anzahl der größeren Raddampfer zugunsten der Schraubenschiffe rasch abnahm.

Das Festhalten am Segel als Antriebsmittel und am Holz als Schiffbaumaterial war nicht nur auf Unverständnis und Borniertheit maßgeblicher Admirale und Politiker zurückzuführen, auch wenn diese in der Tat lange Zeit den technischen und taktischen Fortschritt im Marinewesen ernstlich behinderten. In der Zählebigkeit der von der technischen Entwicklung grundsätzlich überholten Segelkriegsschiffe kamen die Widersprüche zwischen der sich herausbildenden neuen Technik des Dampfantriebs und dem Grad ihrer theoretischen und praktischen Beherrschung zum Vorschein. Gerade weil der Dampfantrieb in der mehrtausendjährigen Geschichte der Seefahrt eine revolutionäre Umwälzung darstellte, mußten, so scheint es, seine auch ihm anhaftenden Kinderkrankheiten konservative Zurückhaltung, Ablehnung und Widerstand nähren. Die Dampfkraft sollte ja nicht nur eine schnellere und besser berechenbare Fortbewegung der Schiffe bewirken, sondern auch die Rudermaschine zum Steuern des Schiffes, das Ankerspill und die verschiedensten Winden, die Lade- und Richtmechanismen der Geschütze ebenso bewegen wie Munitionsaufzüge, Speisewasser- und Lenzpumpen, Lichtmaschinen, Bootskräne, die Beiboote selbst und vieles andere mehr.

Wie so oft in der Geschichte der menschlichen Gesellschaft, hatte es das Neue schwer, sowohl seine eigenen Unvollkommenheiten und Unsicherheiten als auch die alteingesessenen Methoden und Ansichten rasch zu überwinden.

In der Mitte des 19. Jahrhunderts war es deshalb nicht ungewöhnlich, daß jeder Dampferunfall, jeder geplatzte Kessel, jede zusammengebrochene Dampfmaschine international Schlagzeilen machte und zur Sensation wurde, während schwere Havarien, Brände und Totalverluste an Segelschiffen kaum Aufsehen erregten. Erst mit der besseren Beherrschung der Schiffsdampfmaschinen und Kessel sowie der Dampfschiffe insgesamt, mit dem zunehmend besser qualifizierten Bedienungspersonal, mit der wachsenden Zahl gelungener Fernfahrten und Manöverbeteiligungen der Dampfschiffe, vor allem bei Schlechtwetter und in anderen kritischen Situationen, gelang es, die Vorbehalte abzubauen und einflußreiche Fürsprecher und Verteidiger für das Neue zu finden.

Dabei galt es, auch ökonomische Gegebenheiten zu berücksichtigen. Abgesehen von der zunächst noch ungenügenden Beherrschung und der mangelhaften Betriebssicherheit des neuen Schiffsantriebs, war er auch teurer als der Segelantrieb. Und oftmals fuhren noch Fracht- und Fahrgastschiffe wie auch Kriegsschiffe unter Segel schneller als unter Dampf.

Je mehr die neue Marinetechnik ab Mitte des 19. Jahrhunderts voranschritt, um so engmaschiger und verwickelter wurde das Netz der Wechselbeziehungen zwischen den verschiedenen Bereichen der Produktion und der Wissenschaft, zwischen den verschiedenen Elementen der Produktivkräfte, die das neue Marinewesen schufen und erhielten. Es gab nicht nur Probleme mit dem maschinellen Antrieb, sondern ebensolche mit den neuen Geschützen, Geschossen und Treib- und Sprengmitteln, mit der Panzerung, dem Eisen- und später dem Stahlschiffbau, mit der Kohlenversorgung der Flotte sowie mit anderen Bereichen.

Dieser Prozeß zog analoge spezifische Auswirkungen in den Seestreitkräften selbst nach sich. Ständig mußten neue Abhängigkeiten berücksichtigt werden. Das galt sowohl beim Entwurf und beim Bau der Schiffe, bei der Herstellung ihrer Antriebsanlagen, der Bewaffnung und vielfältigen Ausrüstung, bei der Ausbildung des immer mehr Spezialaufbahnen umfassenden seemännischen und technischen Personals als auch bei der zunehmend schwieriger werdenden Versorgung und Sicherstellung des Einsatzes der Flotte und letztlich auch bei der Einsatzplanung und Führung der qualitativ neuen Seestreitkräfte. Das Netz der Wechselbeziehungen wurde enger und komplizierter, als es jemals im Marinewesen vorher der Fall gewesen war.

Dampfmaschinen auf Kriegsschiffen

Als der erste Kriegsdampfer der Welt auf Kiel gelegt wurde, war man in der Entwicklung von Dampfkesseln und -maschinen kaum über die Wattsche einzylindrige, doppeltwirkende Niederdruckdampfmaschine hinausgekommen. Obwohl die Kohlenbunker bei den ersten Kriegsdampfschiffen rund ein Drittel des Schiffsraumes beanspruchten, war der Fahrbereich der Schiffe wegen der sehr unwirtschaftlich arbeitenden Maschine gering, außerdem war sie selbst recht voluminös und schwer. In der Folge bemühte man sich, diesen Mängeln u. a. mit verbesserten Maschinenanlagen, neuen Kesselanlagen und vergrößerten Kohlenbunkern abzuhelfen. Letzteres war in gewisser Weise möglich geworden, weil mit der Erfindung der direktwirkenden und der oszillierenden Dampfmaschine mit liegenden oder schräg angeordneten Zylindern das Volumen der Kraftmaschinen reduziert werden konnte.

Als verbesserte Expansionsmaschinen eingeführt wurden, bedeutete das eine Leistungssteigerung. Natürlich waren auch die bis dahin verwendeten Niederdruckmaschinen von der Wirkungsweise her Expan-

Britische Soldaten werden an Bord einer Dampffregatte gebracht. Deutlich sichtbar sind die wie zur Segelschiffszeit angeordneten Stückpforten in der Breitseite über 2 Decks. Die Fregatte ist als Vollschiff getakelt. Links läuft eine Dampfkorvette ab. Auch hölzerne Segellinienschiffe (rechts im Hintergrund) wurden noch im Krimkrieg eingesetzt

sionsmaschinen. Doch seit man in der Lage war, Kessel zu bauen, die höhere Drücke aushielten, konnte bei beinahe gleichem Kohlenverbrauch mit höherer Expansionskraft gearbeitet werden. Mit solchen Einfachexpansionsmaschinen waren beispielsweise die preußischen Panzerfregatten «Friedrich Carl» und «Kronprinz» wie auch die Panzerschiffe «Preußen», «Kaiser» und «Sachsen» ausgerüstet.

Wie man bald erkannt hatte, war der hochgespannte Dampfdruck nach geleisteter Arbeit immer noch so groß, daß im Niederdruckverfahren weitere Arbeit möglich wurde. Daraufhin entwickelte John Elder aus Glasgow 1858 die Zweifachexpansionsmaschine mit nebeneinanderliegendem Hochdruck- und Niederdruckzylinder. Diese Konstruktion wurde auch Verbund- oder Compoundmaschine genannt. Mit solchen Anlagen waren beispielsweise das Panzerschiff «Oldenburg» und die Gedeckte Korvette «Charlotte» ausgerüstet. Die Verbundmaschinen arbeiteten schon recht wirtschaftlich. Hatten Einfachexpansionsmaschinen von 735,5 kW Leistung in 20 Tagen noch 1300 bis 1400 t Kohlen verbraucht und das Schiff dabei nur knapp 2000 sm zurücklegen können, so benötigte eine Compoundmaschine von gleicher Leistung nur noch 550 bis 600 t Kohlen, was den Aktionsradius der Dampfschiffe beträchtlich erweiterte. Dieser Aspekt war von großer Wichtigkeit, weil die Seekriegsflotten in jener Periode wieder eine steigende Bedeutung erlangten. Besonders der Kampf um Kolonien bzw. die Erhaltung und Sicherung bestehender Kolonien führte dazu, daß sich neue Seemächte zu formieren begannen. Frankreich, Rußland und in gewissem Maße auch schon Deutschland rüttelten mit ihrem Kampfschiffsbestand an der bis dahin existierenden Allmacht der britischen Flotte, ja begannen sie in Frage zu stellen. In dieser Situation waren natürlich alle Seiten für Neuerungen, die der Seemacht dienten, aufgeschlossen. So kam es zu einer gewissen Parallelität in der Seerüstung. Als A. C. Kirk aus Glasgow 1882 die erste Dreifachexpansionsmaschine vorstellte (Kombination von einem Hochdruck-, einem Mitteldruck- und einem Niederdruckzylinder), erprobten die britische Admiralität wie

Liegende Zweizylinder-Dampfmaschine mit rückgreifender Kurbelstange für den Schraubenantrieb. Mit Maschinen dieser Art sollten die Mängel der in den 40er Jahren von Penn in Greenwich entwickelten Trunkmaschinen (vor allem hoher Reibungswiderstand) umgangen werden. Der Vorteil beider Systeme bestand darin, daß die Maschinen sehr kompakt und damit platzsparend gebaut waren und vor Beschuß sicher tief im Schiff aufgestellt werden konnten. Nachteilig war ihre schlechte Zugänglichkeit, was den Betrieb und die Wartung erschwerte. Maschinen o. g. Art sind vorrangig auf Kriegsschiffen – auch dreizylindrig – verwendet worden

auch die deutsche Seekriegsleitung sofort diese Maschine auf Torpedobooten. Sie benötigte nur noch 0,9 kg bzw. 0,8 kg Kohlen, um 1 kW zu erzeugen. Die mit diesen Maschinen gemachten guten Erfahrungen führten dazu, daß sie auch auf den Küstenpanzerschiffen des «Siegfried»-Typs verwendet wurde, die schon keine Segeltakelage mehr trugen. In der Folge war die Dreifachexpansionsmaschine, ausgeführt als sogenannte Hammermaschine, die gebräuchlichste Dampfmaschine auf Kriegsschiffen. Eine neue Qualität wurde erst nach der Jahrhundertwende mit der Einführung von Turbinen (Parsons, Curtiss, de Laval, AEG, Schichau) erreicht.

Voraussetzung für alle diese Entwicklungen waren die gewaltigen Fortschritte u.a. auf dem Gebiet der Metallurgie und der Wissenschaften. Auf dieser Grundlage konnten Kessel gebaut werden, die dem unter hohem Druck stehenden Dampf standhielten. Hatte in den 60er und 70er Jahren der Kofferkessel (wegen seiner äußeren Form so genannt) von 1,4 und 2,0 at (Ü) weite Verbreitung erfahren (z.B. auf der «Arminius», «König Wilhelm» oder «Bayern»), so kam nach der Einführung ovaler Kessel mit 3,0 bis 5,0 at (Ü) Anfang der 80er Jahre der Zylinderkessel oder Flammrohrkessel auf, der sich bald zum Standard-Schiffskessel entwickelte. Die Kessel hielten schon einen Druck von 8,0 bis 15,0 at (Ü) aus. Doch am wirtschaftlichsten arbeitete der danach entwickelte Wasserrohrkessel, der zudem mit rund 100 at (Ü) betrieben werden konnte. Natürlich hatte man auch hier nach der günstigsten Lösung gesucht. Namen wie Benson, Thornycroft, Schulz, Belleville, Dürr, Niclausse, Perkins, Palmer oder Herreshoff stehen für verschiedene Modelle von Wasserrohrkesseln. Sie unterschieden sich u.a. in der äußeren Form, der Feuerungsanlage und in der Stärke, Lage und Führung der Rohre. Man unterschied Wasserrohrkessel mit geraden, waagerechten Rohren; solche mit geraden, geneigten Rohren; andere mit gebogenen oder auch mit Spiralrohren. Völlig ausgereift und betriebssicher war aber keine dieser Konstruktionen. Explosionen waren immer noch nicht ausgeschlossen. Zwar hatte man inzwischen Destillationsanlagen entwickelt, die für eine ausreichende Menge an Speisewasser sorgten, so daß die Kesselsteinbildung sowie die Verschmutzung und Verkrustung durch Seewasser – bisher Hauptursachen für Kesselexplosionen – vermieden wurden.

Trotzdem blieb die Arbeit im Heiz- bzw. Maschinenraum von Kriegsschiffen für das Personal voller Risiken. Der Besatzung an Deck brachte die Dampfmaschine jedoch wesentliche Erleichterungen. Friedrich Engels schrieb dazu in seinem «Anti-Dühring»: «Das heutige Schlachtschiff ... ist eine einzige kolossale Maschine, auf der der Dampf nicht nur die schnelle Fortbewegung bewirkt, sondern auch die Steuerung, das Ankerwinden, die Drehung der Türme, die Richtung und die Ladung der Geschütze, das Auspumpen des Wassers, das Einnehmen und Herablassen der Boote – die selbst wieder teilweise Dampfkraft führen usw.»

So hat die Dampfmaschine revolutionierend auf das gesamte Seekriegswesen gewirkt, nicht nur den Schiffbau, sondern u.a. auch die Wahl der Panzerung und die Taktik, ja selbst die Bewaffnung der Schiffe beeinflußt und schließlich den Übergang vom Segel- zum Dampfkriegsschiff in wenigen Jahrzehnten bewirkt.

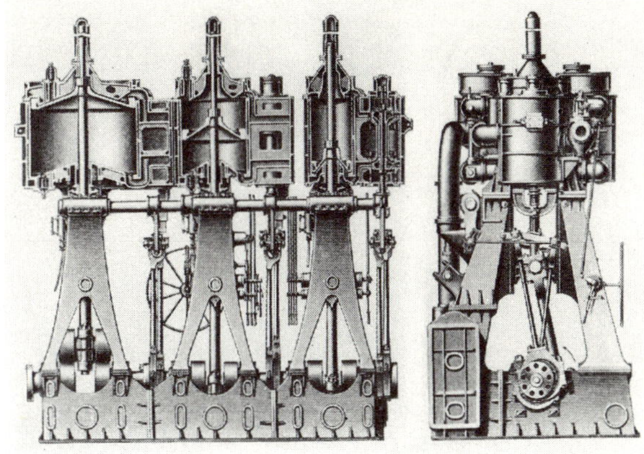

Da es bei Handelsschiffen nicht darauf ankam, die Maschinen vor Beschuß möglichst geschützt unterzubringen, setzte man hier zuerst die sogenannten Hammermaschinen ein. Der Name rührt von der Anordnung her, die an einen Dampfhammer erinnert. Mit der Panzerung von Schiffen und damit auch des Maschinenraums fanden sie häufig auf Kriegsschiffen Verwendung. Das Grundprinzip der Hammermaschine besteht darin, daß die Zylinder vertikal über der Welle stehen und die Kolben- und Lenkstangen direkt nach unten arbeiten. Die Abbildung zeigt links einen Längsschnitt und rechts die Vorderansicht einer Dreifachexpansionsmaschine von 4781 kW, ausgeführt als Hammermaschine. Sie arbeitete mit einem Hochdruckzylinder (Durchmesser 1050 mm), einem Mitteldruckzylinder (Durchmesser 1700 mm) und einem Niederdruckzylinder (Durchmesser 2700 mm). Der Kolbenhub betrug 1600 mm

Die ersten Dampfkriegsschiffe

Am 29. Oktober 1814 wurde die von dem Amerikaner Robert Fulton konstruierte schwimmende Batterie «Demologos» nach nur 100 Tagen Bauzeit dem nassen Element übergeben. Sie gilt als das erste dampfgetriebene Kriegsschiff der Welt. Dabei handelte es sich nach zeitgenössischen Berichten um ein 2500 t großes, 47,5 m langes und 17,1 m breites Doppelrumpffahrzeug. Zwischen den Rumpfhälften rotierte, vor Rammstößen und Beschuß geschützt, ein 4,3 m breites und 4,9 m im Umfang messendes Schaufelrad, das von einer Dampfmaschine von nur 88 kW angetrieben wurde. Dieses Fahrzeug ähnelte mehr einem hölzernen Küstenfort als einem Schiff. Fulton erlebte allerdings nicht mehr die endgültige Fertigstellung des Fahrzeugs, dem man inzwischen auch eine merkwürdige zweimastige Beseglung gegeben hatte.

Trotz dieser Fultonschen Pionierleistung auf dem Gebiet des Kriegsschiffbaus wurde die am 20. Oktober 1827 – also 13 Jahre später – stattfindende Seeschlacht bei Navarino zwischen einem britisch-russisch-französischen Geschwader und der ägyptisch-türkischen Flotte auf beiden Seiten noch mit Segelkriegsschiffen ausgetragen – in der Kriegsgeschichte allerdings die letzte Seeschlacht dieser Art.

Ausgangs der 20er Jahre des 19. Jahrhunderts waren noch keine ausreichend erprobten Kriegsdampfschiffe zum Führen eines Seegefechts vorhanden. In England wurde auf den dringenden Rat des bekannten Konstrukteurs I.K. Brunel 1822 der Bau von zwei kleinen Raddampfern mit Beseglung beschlossen. Einige Quellen erwähnen auch einen kleinen Kriegsdampfer «Congo» von 1815. Anfang der 20er Jahre ist aber mit Sicherheit der Radaviso «Comet» für die britische Marine in Fahrt gebracht

Kohlentrimmen war eine bei der Mannschaft verhaßte Tätigkeit. Meist mußten die Kohlen über lange Plankenwege von Land aus in Schubkarren auf das Schiff gebracht werden. Als Lohn für diese ausgesprochene Schwerarbeit winkte zum Abschluß eine Ration Branntwein oder Rum, wie hier im Bild dargestellt. An der Kohlenübernahme war die gesamte Mannschaft beteiligt. Sonst wurde an Bord streng auf eine Abgrenzung des seemännischen Personals vom Maschinenpersonal geachtet, die sich bis auf das Offizierskorps erstreckte. Lange Zeit hat das technische Personal um seine Gleichstellung mit dem seemännischen Personal gekämpft

worden, der von britischen Marinehistorikern als das erste Dampfkriegsschiff der Admiralität bezeichnet wird. Dieses Fahrzeug war 238 t groß und wurde von einer Einzylinder-Niederdruckmaschine mit 58,5 kW Leistung über völlig ungeschützte Schaufelräder aus Schmiedeeisen angetrieben. Als Bestückung waren 4 9-Pfünder-Kanonen vorhanden.

In den Vereinigten Staaten soll das bewaffnete New-Yorker Dampffährboot «Seagull» das erste dampfgetriebene Schiff im Kriegseinsatz gewesen sein. Es wurde 1823 zur Jagd auf Piraten in der Karibischen See verwendet. Seit 1822/23 gab es erste britische Versuche, kleine Raddampfer mit und ohne Segeltakelage in Kolonialfeldzügen in Burma und später auch in China auf Flüssen und in Küstengewässern einzusetzen. Als erstes britisches Dampfschiff im Kriegseinsatz wird in diesem Zusammenhang die 1823 erbaute «Diana» genannt, deren Antrieb aus einer 44 kW leistenden Dampfmaschine und aus Segeln bestand. Vor dem Bau größerer Kriegsschiffe mit Dampfantrieb schreckte man aber zurück. Selbst als die Post- und Handelsdampfer der damals führenden Reedereien im atlantischen Verkehr alltäglich geworden waren, zögerten die Marinebehörden weltweit noch immer, das neue Antriebsmittel Dampf für die Hauptkampfschiffe, die Linienschiffe, zu verwenden. Dafür gab es vor allem technisch-sachliche Gründe: Die Dampfmaschinen waren in ihrer Konstruktion noch nicht ausgereift, Kesselexplosionen waren keine Seltenheit, und der Wirkungsgrad der Maschinen war im Gegensatz zum Kohlenverbrauch verhältnismäßig gering. Um 1830 rechnete man mit einem stündlichen Kohlenverbrauch von 3,4 kg je kW der Dampfmaschine, d. h. eine übliche 147-kW- (200-PS-) Maschine, wie sie z. B. bei einem Aviso zum Einbau gelangte, benötigte in 2 Betriebsstunden die Energie von 1 t bester Steinkohle. Zudem waren die Maschinen unverhältnismäßig schwer. Um bei dem obigen Beispiel zu bleiben: Da um 1830 mit einem Maschinengewicht von 1130 kg je kW Leistung gerechnet wurde, wog eine 147-kW- (200-PS-) Dampfmaschine 166,2 t. Rechnete man noch die Kessel und einen Kohlenvorrat für wenigstens 5 Tage hinzu, dann nahm der Maschinenantrieb 40 bis 50 Prozent der Tragfähigkeit der Schiffe in Anspruch. Das aber war für Seeschiffe nicht zumutbar, besonders für Kriegsschiffe. Der Fahrbereich wurde durch die Kohlenvorräte begrenzt, die riesigen Schaufelräder waren im Gefecht oder auch bei hoher See stark gefährdet. Mit Raddampfern einen stabilen Kurs zu steuern war schon eine Kunst. Doch was die Marinestäbe am meisten gegen den Raddampfantrieb bei Linienschiffen einnahm, und um diesen ging es ja vor allem, war die Aussicht, die Kanonenanzahl in den Breitseitbatterien wegen der 12 bis 14 m hohen Schaufelräder drastisch reduzieren zu müssen. Der Kampfwert der Schiffe wäre erheblich gesunken: man rechnete mit 30 Prozent und mehr. Am wenigsten war deshalb von England zu erwarten, daß es seine mächtige Segelkriegsschiffsflotte, die dem Inselreich bislang die eindeutige Überlegenheit, die Seemacht, gesichert hatte, mit der Einführung des Raddampfantriebs

Das erste dampfgetriebene Kriegsschiff der Welt ließ die US-amerikanische Marine 1814 von Robert Fulton bauen: die «Demologos». Die Maschinenanlagen waren tief in den Doppelrümpfen des Schiffes untergebracht. Das Schaufelrad befand sich – gegen Beschuß geschützt – zwischen den Rümpfen. Doch ehe die «Demologos» einsatzfähig war, endete der Krieg mit Großbritannien. So fand das Schiff nur noch als Hulk Verwendung

Mit der Einführung der Schiffsschraube wurde der Dampfantrieb auch für die Hauptkampfschiffe attraktiv. Den ersten Versuch, ein Segellinienschiff mit einer Schiffsschraube auszurüsten, unternahm man in Frankreich mit dem 5280 t verdrängenden Zweidecker-Segellinienschiff «Napoleon» (Stapellauf 1850!). Es soll unter Dampf eine Geschwindigkeit von 12 bis 13 kn erreicht haben. Trotzdem war der Schraubenantrieb lediglich für Revierfahrten und auf See als letzte Möglichkeit zum Manövrieren bei Flaute vorgesehen. Es konnte ein Kohlenvorrat von 616 t gebunkert werden. Bewaffnet war die «Napoleon» mit 16 220-mm- und 18 360-mm-Bombenkanonen im 1. Batteriedeck. Das 2. Batteriedeck nahm 34 300-mm-Bombenkanonen auf. An Oberdeck standen 2 gezogene 160-mm-Geschütze und 20 160-mm-Bombenkanonen

freiwillig selbst entwertete. Außerdem wollten sich die in konservativen Traditionen befangenen Seeoffiziere, und hier standen die britischen nicht allein da, weder an rauchgeschwärzte Segel und rußbestäubte Decks gewöhnen, noch Brände durch Funkenflug oder Explosionen befürchten müssen. Vor allem zeigten sich deshalb jene Kriegsmarinen für die Einführung von Neuerungen aufgeschlossener, die mit einem stärkeren Gegner auf See zu rechnen hatten. Fultons «Demologos» (nach seinem Tode «Fulton the First» genannt) war beispielsweise gebaut worden, um die britische Blockade der US-amerikanischen Häfen durchbrechen zu können. Auch in Frankreich und Rußland stießen die Fultonschen Ideen, Dampfschiffe für militärische Zwecke in Fahrt zu bringen, auf offene Ohren.

Aus neuerschlossenen Quellen wird ersichtlich, daß sich die ersten tastenden Schritte zur Einführung der Dampfkraft nicht allein auf die USA und England sowie Frankreich beschränkten. Die russische Marine stellte 1818 das Dampfboot «Skory» in Petersburg in Dienst, freilich mehr als Versuchsfahrzeug. 1820 folgte aber schon bei der Schwarzmeerflotte der Kriegsdampfer «Vesuvius» und fünf Jahre später bei der gleichen Flotte die «Meteor». Die Baltische Flotte erhielt zur selben Zeit die «Proworny» mit 14 Kanonen und ein Jahr später die «Ishora», die mit insgesamt 8 Kanonen vor und hinter den Radkästen bestückt war. Die Maschinenleistung betrug 73 kW. 1832 erschien bereits der bis dahin am stärksten bestückte Kriegsdampfer «Herkules» in der Flottenliste der Ostseeflotte des Zaren. Als erste Schaufelradfregatte Rußlands lief 1836 die «Bogatyr» in Petersburg vom Stapel. Sie hatte eine Wasserver-

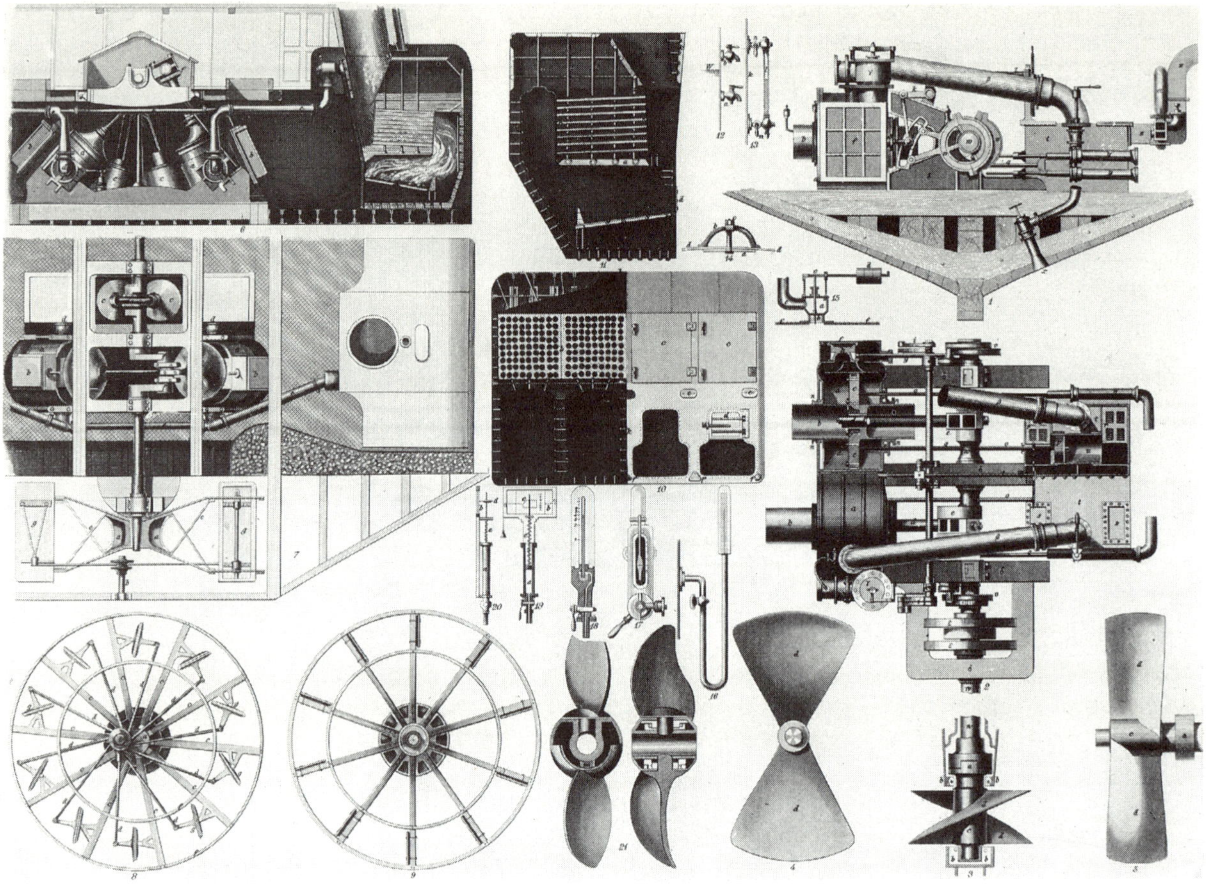

Darstellung verschiedener Elemente von Schiffsantrieben aus der 2. Hälfte des 19. Jahrhunderts, darunter oszillierende Raddampfmaschinen nebst Schaufelrädern (links oben bis unten), Schiffsdampfkessel (Mitte), Propeller- und Schrauben (unten Mitte und rechts), Dampfmaschinen für Schraubenantrieb (rechts oben und darunter) sowie diverse Armaturen

drängung von 1340 t und trug die überdurchschnittlich starke Bewaffnung von 28 Kanonen. Angetrieben wurde sie durch eine 176 kW leistende Dampfmaschine und/oder die barkähnliche dreimastige Beseglung. Zu jener Zeit begannen sich in St. Petersburg mehrere Privatwerften wie die von K. N. Baird oder Ischorsk auf den Bau von Raddampfschiffen zu spezialisieren.

Raddampfkriegsschiffe

Genau betrachtet, entstand bereits zur Zeit der ersten Raddampfkriegsschiffe, die ausnahmslos Segeltakelagen – überwiegend als Rah- oder Gaffelschuner – trugen, ein erster, wenn auch mit bescheidenen Mitteln ausgetragener Wettstreit zwischen den maßgeblichen Seestreitkräften.

Die französische Marine sah den 1828 erbauten Radaviso «Sphinx» als ihr erstes Kriegsdampfschiff an. Es war mit 10 Kanonen bestückt und hatte eine dreimastige Schunertakelung mit 750 m² Segelfläche.

Das in Rochefort erbaute Schiff verdrängte 780 t und war 46,2 m lang. Um bei Windstille eine Geschwindigkeit von 7 sm/h zu erzielen, mußten, je nach Beschaffenheit, 800 bis 1000 kg Kohlen verheizt werden. Unter Beachtung des anlaufenden Baus von Kriegsdampfern in Rußland und Frankreich ist es gewiß kein Zufall, daß die britische Marine um 1828/29 gleich sechs 830 t große Raddampfer mit Beseglung in Auftrag gab, die aber später, als schon wieder bessere Schiffe vorhanden waren, nur noch als Schlepper und Transporter dienten. Außerdem wurden getakelte Dampfkriegsschiffe auf ausländische Rechnung gebaut. Dazu gehörte auch die Dampfkorvette «Perseverance», die im griechischen Freiheitskrieg gegen die Türkei eine Rolle spielte und in der späteren griechischen Marine den Namen «Karteria» trug. Sie wurde bei Windstille und im Gefecht von einer Dampfmaschine von 62 kW Leistung angetrieben und hatte auch Beseglung. Zeitgenössische Berichte bezeichneten die aus 4 langen 68-Pfünder-Bombenkanonen und mehreren schweren Mörsern bestehende Bestückung als sehr wirkungsvoll. Bereits 1832/33 war der nächste Schritt der Bau einer Serie von Radkorvetten, von denen die 835 t große «Medea» mit 6 Kanonen als Beispiel genannt wird. Diese Aktivitäten setzten sich bis 1850/51 mit einer langen Reihe von annähernd gleich großen und größeren Kriegsschiffen mit kombiniertem Schaufelrad- und Segelantrieb fort.

Obwohl es aber schließlich in den britischen Seestreitkräften eine stattliche Anzahl solcher Schiffe von teilweise beachtlichen Qualitäten gab, konnten sich die Schaufelradkriegsschiffe in Albions Diensten nicht recht durchsetzen. Jedenfalls vermochten sie in keiner Weise die Existenz der Segelkriegsschiffe in ihren Klassen in Frage zu stellen, dazu waren ihre Feuerkraft und ihre Seetüchtigkeit zu begrenzt und die Abhängigkeit von der nächsten Kohlenstation viel zu groß. Den Seglern eindeutig überlegen waren sie nur in der Geschwindigkeit und Manövrierfähigkeit, die sie bei ruhigem Wasser zu erreichen vermochten, sowie in ihrer Bewaffnung mit großkalibrigen Bombengeschützen, die drehbar auf dem Vor- und Achterschiff standen.

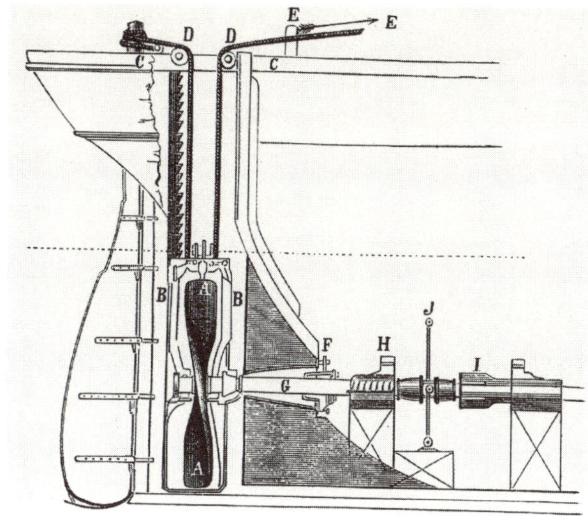

Um auszuschließen, daß der Propeller die Fahrt unter Segel behinderte, entwickelten findige Schiffbauer eine Vorrichtung zum Hieven. Die Abbildung zeigt eine Schiffsschraube mit Hebezeug im Schraubenbrunnen; I bezeichnet die Kupplung, J den Bedienungshebel zum Auskuppeln, K den Rahmen, F die Stopfbüchse und H das Wellenlager

Unter Beachtung solcher Eigenschaften hielt die französische Marine die Raddampfer für in höherem Maße tauglich als die britische und gab ab 1830 eine größere Anzahl Avisos, Korvetten und Fregatten mit Radantrieb und Besegelung in Auftrag, wobei dann bis zu Beginn der 50er Jahre der Bau solcher Schiffe fortgesetzt wurde. Schließlich wurde sogar der entsprechende Umbau eines Zweidecker-Linienschiffs von 90 Kanonen ins Auge gefaßt, dann jedoch storniert.

Auch in den USA wurde die Pionierleistung Fultons nicht vergessen. 1837 lief im Auftrag der amerikanischen Marine der Kriegsdampfer «Fulton II» vom Stapel, ein 1200 t großes Schiff, das mit Radantrieb 10 sm/h erreichen konnte und mit 4 32-Pfünder-Glattrohrkanonen bestückt war. Es stand bis 1862 in Dienst. Bereits 1842 liefen für europäische Maßstäbe recht große Raddampfer als Kriegsschiffe auf nordamerikanischen Werften vom Stapel. «Mississippi» und «Missouri» hatten eine Wasserverdrängung von 3220 t, sie waren mit 2 254-mm- und 8 203-mm-Glattrohrgeschützen bewaffnet und beunruhigten seinerzeit die britischen Marinebehörden, die in ihnen eine potentielle Gefährdung der Seeverbindungen nach England sah. Diese Schiffe erreichten im praktischen Einsatz aber nur 8 sm/h.

Als die Raddampferzeit Mitte des 19. Jahrhunderts zu Ende ging und der Bau gepanzerter Kriegsschiffe mit Schrauben- bzw. Propellerantrieb einsetzte, verfügten die führenden Seestreitkräfte über folgende Schiffsklassen:

Avisos waren die kleinsten Kriegs-Raddampfer. Sie dienten vorrangig zu Kurier-, Stabs- und Aufklärungszwecken und waren meist die schnellsten Dampfer. Überwiegend waren sie nur mit 2 bis 4 leichten Kanonen an Oberdeck bewaffnet.

Radkorvetten trugen eine Bestückung von 6 bis 12 Kanonen, die ebenfalls an Deck standen und von denen einige schwenkbar waren. Für sie standen Aufklärungs- und Sicherungsaufgaben im Vordergrund.

Bei *Radfregatten* umfaßte die Bewaffnung meist 14 bis 20 Geschütze, überwiegend mittleren Kalibers. Teilweise kamen aber auch einige großkalibrige Bombengeschütze auf dem Vor- und Achterschiff zur Anwendung, wodurch diese Schiffe eine bedeutende Kampfkraft erhielten. Unter den Radfregatten überwog die Breitseitbestückung in einem geschlossenen Batteriedeck vor und hinter den Radkästen.

Die Takelage der Radavisos, -korvetten und -fregatten war meist die eines zwei- oder dreimastigen Schuners oder einer Bark. Im Vergleich mit den Segelkriegsschiffen und den nachfolgenden getakelten Schraubenschiffen waren die Masten der Raddampfer niedriger, ihre Segelfläche deutlich kleiner. Ein größerer Segeldruck würde sie zu stark gekrängt, d.h. nach einer Seite geneigt haben, wodurch ihre Steuerbarkeit erschwert würde.

Die britische Marine hatte 1860 noch 16 Radfregatten mit einer Tonnage von 1200 bis 1900 t und 36 Radsloops in ihren Flottenlisten. Da unter den letzteren kleine Korvetten und Avisos zusammengefaßt wurden, reichte die Tonnage von 650 bis 1150 t. Zur gleichen Zeit verfügte Frankreich über 18 Radfregatten bis zu 2860 t, 14 Radkorvetten von 900 bis 1600 t und 37 Avisos in einem Tonnagebereich von 400 bis 900 t. Unter den Segelschiffen der russischen Marine waren zu dieser Zeit nur noch 7 große Fregatten und 8 andere Schiffe mit Schaufelradantrieb vorhanden, die zwischen 800 und 1400 t verdrängten, bis zu 14 Kanonen führten und ausnahmslos zur Baltischen Flotte gehörten. Von den 16 Radfregatten, die 1853 zum Bestand der Schwarzmeerflotte gezählt hatten, war keine mehr vorhanden.

Am 13.11.1851 lief auf der Königlichen Werft Danzig die hölzerne Radkorvette «Danzig» als erstes preußisch-deutsches im Inland gebautes Dampfkriegsschiff vom Stapel. Es war ein 1920 t großes Schiff mit 588 kW Maschinenleistung, dessen Bewaffnung aus 10 200-mm-Bombenkanonen (68pfünder) bestand. Das Schiff wies ein Längen-/Breiten-/Tiefgangsverhältnis von 75,66 m/16,5 m/4,27 m auf. Entworfen worden ist die Radkorvette von der britischen Schiffs- und Maschinenbaufirma Robinson & Russel in London.

Im Zusammenhang betrachtet, war die Zeit der Kriegsdampfer mit Schaufelradantrieb nur eine Übergangsphase von den Segelschiffen zu den Dampfkriegsschiffen, in der es noch nicht zu entscheidenden Veränderungen kam. Zweifellos ließ die Verwendung dieser Dampfer bereits erkennen, daß sich die Flottentaktik mehr und mehr aus der Starre lösen und auf beweglichere Schiffe orientieren mußte, auch wenn diese nicht in der Linie kämpfen konnten. Die «Linienunfähigkeit» des Dampfers wurde jedoch häufig, wenn auch völlig ungerechtfertigt, zum Maßstab seiner Brauchbarkeit gemacht. Vielfach wurden auch die technisch bedingten Besonderheiten des Schaufelraddampfers nur als Mängel gewertet. Und unter diesem Gesichtspunkt hat er viele Zweifler und Skeptiker in ihrer ablehnenden oder zurückhaltenden Position gegenüber dem Dampfantrieb bestärkt.

Im allgemeinen wurde der Raddampfer noch nicht als vollwertiges Kriegsschiff angesehen, wohl aber hatte man seinen Wert als Hilfs- bzw. Spezialschiff erkannt. Er übernahm bestimmte Aufgaben, wie das Schleppen der Segellinienschiffe in die günstigste Feuerposition, Aufklärungs- und Kurierdienste, oder wurde als Truppentransporter genutzt.

Viele noch im Bau befindliche Segelkriegsschiffe wurden von der Entwicklung überholt und praktisch über Nacht entwertet. Zu ihnen zählte auch das hier abgebildete stationäre Schul- und Ausbildungsschiff «New Hampshire» der USA-Flotte. Es wurde 1818 als 74-Kanonen-Schiff «Alabama» auf Kiel gelegt, lief aber, nachdem man sich nicht zu einem Umbau zum Dampfschiff hatte entschließen können, erst 1868 als Hulk vom Stapel. Das in der Wasserlinie 60 m lange Schiff diente dann als Stabs- und Ausbildungsschiff der Marinereserve, wurde später in «Granite State» umbenannt und verbrannte 1921

Neben Papin, Hull, Miller, Fitch, Rumsey und Fulton gehörte auch William Symington zu den Pionieren der Dampfschiffahrt. Die Abbildung zeigt die von ihm entworfene «Charlotte Dundas» mit Heckradantrieb während der Probefahrt auf dem Delaware im Jahre 1802. Das erste gebrauchsfähige Dampfboot, die «Clermont», ausgerüstet mit einer Maschine von Watt, stellte Fulton im Jahre 1807 vor

Die britische Radfregatte «Terrible» war vor allem an ihrer eigentümlichen Schornsteinanordnung zu erkennen. Das über 2000 t große Schiff lief 1845 vom Stapel. Es war mit 19 mittleren Geschützen bestückt. Eine gleich große Segelfregatte hatte mindestens eine doppelt so starke Bewaffnung, war aber dafür völlig vom Wind abhängig. Die «Terrible» trug dazu bei, daß sich in der britischen Flotte der Dampfantrieb durchsetzte

Das Gemälde (Ausschnitt) von I. K. Aiwasowski zeigt einen Kriegsdampfer um 1850 vor Kronstadt. Das Schiff trägt eine bei Radfregatten und -korvetten jener Zeit weitverbreitete Schunertakelage, die für das Segeln in Küstengewässern vorteilhaft war. Die Gestaltung des Achterschiffs erinnert stark an die Segelkriegsschiffe. Ein Schiff dieser Größe und Bauart hatte eine Antriebsanlage, die zwischen 110 und 147 kW leistete

Raddampfer in sturmgepeitschter See. Durch das seitliche Überholen gerät ein Schaufelrad zu tief ins Wasser, während das andere frei in der Luft dreht und keinen Antrieb leistet

Vorherige Doppelseite

Ein Geschwader der russischen Schwarzmeerflotte in Sewastopol kurz vor Beginn des Krimkrieges. Von 181 Einheiten dieser Flotte verfügten Ende 1853 nur 7 Fregatten und 24 kleinere Schiffe über Dampfantrieb. Die in der Bildmitte von I. K. Aiwasowski als Admiralsschiff dargestellte Radfregatte ist als Schunerbrigg getakelt

Szene aus dem amerikanischen Bürgerkrieg: Seegefecht zwischen der zu einer schwimmenden Panzerbatterie umgebauten «Virginia» (ehemalige Dampffregatte «Merrimac») der Südstaaten und dem gepanzerten Turmschiff «Monitor» der Nordstaaten bei Hampton Road am 9. 3. 1862. Das Gefecht dauerte über 6 Stunden und wurde als Passiergefecht mit wechselnden Kursen geführt. Es bewies auf beiden Seiten die Wirksamkeit der Panzerung von Schiffen. Beide Fahrzeuge haben das erste Gefecht von Panzerschiffen in der Seekriegsgeschichte miteinander ausgetragen. Danach orientierten sich alle Seemächte auf den Bau von Panzer-Rammschiffen.

Fred. S. Cozzens
92
STRONG & CO. LITH. BOSTON.
COPYRIGHT 1892, AMERICAN PUBLISHING CO. HARTFOR

Schraubenschiffe

Die Zurückhaltung gegenüber dem Dampfantrieb für die Seestreitkräfte wurde erst aufgegeben, als die Schiffsschraube (der Propeller) ihre Überlegenheit über das Schaufelrad eindeutig bewiesen hatte.

Bereits im 18. Jahrhundert war damit experimentiert worden. Der Nordamerikaner J. Fitch hatte die Schraube sogar schon als Propeller verwenden wollen und darauf 1788 ein Patent erhalten. Doch die Realisierung seiner Idee scheiterte an den technischen Möglichkeiten seiner Zeit. Mit der Entwicklung der Schiffsschraube haben sich u.a. auch D. Bernoulli (1752), P. Paucton (1768), J. Watt (1770) und J. Bramah (1785) befaßt. Sie alle haben wohl mehr oder weniger dazu beigetragen, daß der Österreicher Joseph Ressel (1793–1857) im Jahre 1829 das erste brauchbare schraubengetriebene Dampfschiff «Civetta» vorstellen konnte. Er benutzte dafür die sogenannte archimedische Schraube, die der sizilianisch-griechische Mathematiker Archimedes (um 287 bis 212 v. u. Z.) für seine Wasserhebemaschine erfunden hatte. Allerdings blieb Ressel zu seinen Lebzeiten die Anerkennung seiner Leistung versagt. Profitiert hat von seiner Idee der Engländer Francis Pettit Smith (1808–1874). Nach dem Vorbild von Ressels Konstruktion rüstete er 1836 ein Dampfboot mit einer langen, hölzernen, spiral- bzw. schneckenförmigen Schraube aus, die zwei Gänge aufwies, und unternahm damit Fahrten auf der Themse. Dabei schlug die Schraube auf ein Hindernis, und die Hälfte des Schraubengangs brach ab. Doch das Schiff beschleunigte plötzlich nach dieser Havarie. Der Zufall hatte zur Entdeckung einer physikalischen Gesetzmäßigkeit geführt. Die Schraube des zweiten von Smith ausgerüsteten Dampfers wies nur noch einen Gang auf. Damit konnte eine Geschwindigkeit von 8 kn erreicht werden, während es Raddampfer zu jener Zeit nur auf 4 bis 6 kn brachten. Das ließ die britischen Marinebehörden aufhorchen. War die Schiffsschraube doch auch sonst wie geschaffen für den Antrieb der Linienschiffe und Fregatten. Die Breitseiten der Schiffe blieben frei für eine höchstmögliche Anzahl von Kanonen. Die für den Antrieb der Schraube so tief wie möglich zu installierenden, schwergewichtigen Dampfmaschinen waren sicherer vor Beschuß und vergrößerten sogar noch die Stabilität der Schiffe. Auf einen Teil des Ballastes konnte verzichtet werden. Schraubenschiffe waren im Gegensatz zu Raddampfern nicht allein von der Dampfkraft abhängig, sondern sie konnten alle bewährten Linien und die vertraute Takelage eines Segelschiffs beibehalten. Probleme mit der Kursstabilität gab es – im Gegensatz zu den Raddampfern – auch nicht. Und manövrierfähiger war man mit dem Maschinenantrieb allemal.

Doch trotz dieser augenscheinlichen Vorteile des Schraubenantriebs blieb die britische Admiralität skeptisch, weil sie bezweifelte, daß ein Schiff mit Schraubenantrieb zu steuern sei. Auch als der Schwede John Ericsson 1836 die wesentlich wirkungsvollere Schiffsschraube mit Flügeln – den Propeller – anbot, blieb man in Großbritannien zurückhaltend.

Längere Zeit war es noch üblich, daß Segel- und dampfgetriebene Kriegsschiffe gemeinsame Fahrten unternahmen. Die Darstellung des amerikanischen Marinemalers F. S. Cozzens zeigt zwei bekannte Schiffe der USA-Marine bei einer solchen Fahrt in stürmischer See: im Mittelpunkt die schwere Segelfregatte «Constitution» (Stapellauf 1797), links die hölzerne Schraubensloop «Kearsarge» (Stapellauf 1861). Die «Constitution» besiegte 1812 und 1815 3 britische Fregatten und 1 Sloop und wird bis auf den heutigen Tag als schwimmendes Denkmal erhalten. Die «Kearsarge» versenkte während des Sezessionskrieges am 19. Juni 1864 das erfolgreichste Kaperschiff der Südstaaten, die in England gebaute Schraubenkorvette «Alabama», und ging 1894 durch Strandung verloren. Die «Kearsarge» war in der Wasserlinie 61 m lang und 10,3 m breit. Ihre liegende Expansionsmaschine leistete 620 kW, was ihr eine Geschwindigkeit von 10 bis 12 kn ermöglichte

Die US-amerikanische Schraubenfregatte «Franklin» (Vordergrund rechts) gehörte zu jenen zahlreichen Schiffen, die durch den Einbau einer Dampfmaschine völlig verändert wurden. Ursprünglich sollte sie ein 74-Kanonen-Linienschiff werden, wurde dann aber mitten durchgeschnitten und durch Einfügen einer Rumpfsektion mit Kessel- und Maschinenanlage verlängert. Nach der Indienststellung 1867 diente die «Franklin» als Schul- und Ausbildungsschiff. Die Bestückung umfaßte 35 Glattrohrkanonen, Kaliber 228 bis 280 mm, und 4 gezogene 162-mm-Vorderlader. Rechts im Hintergrund ist die 1850 vom Stapel gelaufene hölzerne Radfregatte «Powhatan». Links im Vordergrund die wegen ihrer geringen Wasserverdrängung (2900 t) als Sloop klassifizierte «Hartford». Ganz links die «Colorado», eine der ersten Schraubenfregatten der USA und ein Schwesterschiff der «Merrimac»

Deshalb baute man nicht in diesem Inselstaat mit seiner industriellen Überlegenheit das erste Schraubenlinienschiff, sondern in Frankreich, und zwar aus der schon erwähnten Position des Schwächeren heraus. Friedrich Engels schrieb dazu: «Erst die Erfindung der Schiffsschraube sollte die Mittel für eine völlige Revolutionierung des Seekrieges liefern und alle Kriegsflotten in mit Dampfkraft angetriebene Flotten verwandeln. Volle 13 Jahre nach der Erfindung der Schiffsschraube wurde der erste Schritt in dieser Richtung getan. Die Franzosen, die den Engländern in maritimen Entwürfen und Bauten stets überlegen waren, taten ihn als erste. Schließlich baute im Jahre 1849 der französische Ingenieur Dupuy de Lôme das erste Linienschiff mit Schraubenantrieb, ‹Napoleon›, mit 100 Kanonen und 600 PS.»

Die Briten hatten den Bau der «Napoleon» mißtrauisch beobachtet. Noch während der erfolgreich verlaufenden Probefahrten dieses Schiffes streckten sie ebenfalls den Kiel für ein Schraubenlinienschiff: 1852 lief die «Agamemnon», ein Zweidecker-Linienschiff von rund 3200 t Wasserverdrängung und 91 Kanonen Bestückung, als erstes großes britisches Kriegsschiff mit Schraubenantrieb vom Stapel. Es nahm aktiv an vielen Aktionen des Krimkrieges teil und bewies dabei immer wieder die Zweckmäßigkeit des Antriebs. Dies trug zweifellos dazu bei, daß bis zum Ende der 50er Jahre, als der Bau von eisengepanzerten Kriegsschiffen einsetzte und die ungepanzerten Holzschiffe fragwürdig wurden, rund 110 Segellinienschiffe mit Dampfmaschine und Schraubenantrieb ausgerüstet wurden (davon 50 Prozent britische).

Nach Frankreich und Großbritannien ging man auch in anderen Marinen Schritt für Schritt zum Propellerschiff über. Linienschiffe, Fregatten wie Korvetten erhielten teils mit, teils ohne große Umbauten Dampfmaschinen und Propeller. Schiffsneubauten wurden nur noch als Schraubenschiff fertiggestellt. In Frankreich wurden laut eines Gesetzes von 1857 alle Linienschiffe ohne Dampfmaschine aus der Liste der aktiven Kriegsschiffe gestrichen. Vollständig auf die Takelage ist aber erst Mitte der 80er Jahre verzichtet worden. Bis in die 50er Jahre hinein ähnelten die Kriegsschiffe aller Klassen noch sehr den Schiffen der Segelschiffszeit. So war auch die «Napoleon» eigentlich noch ein Segelschiff mit Hilfsmotor. Trotzdem konnte sie sich nun – wie einst die Galeeren – unabhängig vom Wind fortbewegen. Die Manövriereigenschaften waren durch den Schraubenantrieb wesentlich größer geworden – für die Belebung der Flottentaktik ein außerordentlicher Gewinn!

Nicht bewährt hat sich dagegen der Schiffsantrieb über Wasserstrahlreaktion, worauf der Nordamerikaner Rumsey schon 1787 ein Patent erhalten hatte. Seiner Konstruktion lag folgendes Prinzip zugrunde: Dampfmaschinen treiben Kreiselpumpen an, die Wasser unter Druck aus Knierohren am Bug oder am Heck drücken – eine Art Rückstoßprinzip. Mit einem solchen «Prallantrieb» waren das 1855 in Stettin gebaute Fahrgastschiff «Albert» und das 1867 in England fertiggestellte Kanonenboot «Waterwich» ausgerüstet. Bei dem letzteren handelte es sich um ein schunergetakeltes und gepanzertes Fahrzeug von 1280 t mit einer 500 kW leistenden Maschinenanlage. Die Bestückung bestand aus 2 gezogenen Vorderladern Kaliber 178 mm und 2 20-Pfünder-Hinterladern.

Der Wirkungsgrad des installierten «Hydraulik-Reaktionsantriebs» war gering, und sein Einbau erwies sich als totaler Fehlschlag. Doch auch diese Entwicklungsrichtung zeugt davon, welch umwälzenden Einfluß die industrielle Revolution im 19. Jahrhundert nicht zuletzt auf die technische Entwicklung im Seekriegswesen ausgeübt hat. Vor allem die Einführung der Dampfmaschine als Schiffsantrieb – ob sie nun ihre Kraft auf Schaufelrad, Schraube bzw. Propeller oder Wasserstrahl übertrug – war dafür der konkrete Ausdruck, wie die gesamte Entwicklung und Weiterentwicklung dieser «Kraftmaschinen» im Marinewesen überhaupt.

DIE EINTEILUNG DER KRIEGSSCHIFFE AB 1859/60

Mit dem Übergang zum Schraubenantrieb setzte sich zwar in breitem Maße der Dampfantrieb auch in den Seestreitkräften durch, aber die Segeltakelagen wurden nur allmählich abgelöst. Die Unterscheidung und Einteilung der Kriegsschiffe komplizierte sich sehr. So verwischten sich die Merkmale der Schiffsklassen Fregatte und Korvette als getakelte Dampfkriegsschiffe. Sie wurden ziemlich wahllos als Fregatten oder Gedeckte Korvetten bezeichnet, ohne daß es dafür eindeutige Klassifizierungsmerkmale gegeben hätte. Was in einer Flotte eine Gedeckte Korvette war, galt in einer anderen als Fregatte. So wurde beispielsweise die am 13. September 1875 bei der Stettiner Vulkanwerft vom Stapel gelaufene «Thusnelda» (später «Leipzig») offiziell als Gedeckte Korvette bezeichnet. Es war ein Schiff von 86 m Länge und von rund 4000 t Wasserverdrängung, das nach Fertigstellung mit 12 170-mm-Kanonen (davon 10 in geschlossener Batterie mit Stückpforten) bewaffnet war und eine Vollschiffstakelung mit rund 2000 m^2 Segelfläche trug.

Dagegen wurde die am 20. Juni 1872 in San Rocco bei Triest zu Wasser gelassene «Radetzky» der österreichisch-ungarischen Marine – mit 80 m Länge und 3430 t deutlich kleiner als die «Leipzig» und mit 15 150-mm-Geschützen (14 im Batteriedeck und eins an Oberdeck) dieser auch kalibermäßig unterlegen – als Fregatte bezeichnet. Die Unübersichtlichkeit erhöhte sich noch, als man aus unterschiedlichsten Gründen die Klassifizierungsmerkmale «gedeckt» und «ungedeckt» wegließ und dafür vereinfacht den Begriff «Korvette» in Sprache und Schrift verwendete. Damit fielen unter diesen Begriff gleichermaßen Schiffe mit 4000 t Wasserverdrängung und einem Dutzend gedeckt aufgestellter 170-mm-Geschütze wie auch solche von 1000 t mit nur 4 oder 6 leichteren Oberdeckgeschützen.

In den preußisch-deutschen Seestreitkräften blieb die Unterteilung der Korvetten bis November 1894 verbindlich. Danach wurden die Gedeckten Korvetten als *Kreuzerfregatten* und die Glattdeckskorvetten als *Kreuzerkorvetten* klassifiziert. Ab August 1893 wurden daraus Kreuzer I. Klasse bzw. II. und III. Klasse. Erst im Februar 1899, im Zusammenhang mit der angelaufenen Flottenrüstung und der Neuordnung des Schiffsbestandes, ist die Klassifizierung in Große und Kleine Kreuzer eingeführt worden. Doch zurück zu den Einteilungsproblemen des Schiffsbestandes Mitte des 19. Jahrhunderts.

In Anlehnung an die traditionellen Schiffsklassen, die sich bis zu Anfang des 19. Jahrhunderts nahezu einheitlich bei allen Marinen herausgebildet hatten, wurde ab 1860 versucht, die *hochseetüchtigen Panzerschiffe* einzuordnen. Nicht zuletzt deshalb, weil der Übergang von den Segelkriegsflotten in die neue Qualität der Dampfschiffsflotten allmählich verlief und es neben den üblichen Linienschiffen, Fregatten, Korvetten und anderen Fahrzeugen nun auch die unterschiedlichsten Panzerschiffe gab, wurde der Hinweis auf die Panzerung in die Bezeichnung der neuen Schiffsklassen eingeschoben.

Die britische Radfregatte «Cyclops» gehört zu den frühen Vertretern dampfgetriebener Kriegsschiffe. Sie ist 1839 vom Stapel gelaufen, verdrängte 1200 t und war mit 6 Kanonen bestückt. Im Jahre 1860 war die «Cyclops» das älteste noch im Dienst befindliche Dampfkriegsschiff der britischen Flotte dieser Größenordnung. Neben ihr hielt die Royal Navy noch einige Sloops von allerdings nur 700 bis 800 t aus dem Jahre 1832 unter Dampf

Der allgemeine Begriff «Panzerschiffe» sollte zum einen die neue Eigenschaft dieser Schiffe gegenüber den bisher gebräuchlichen ungepanzerten erkennbar machen – ihren aus starken Eisen-, später aus Stahlplatten bestehenden Schutz vor Beschuß. Zum anderen sollte aber auch – vor allem bei den größeren Einheiten, die im Gros der Kriegsflotten an die Stelle der hölzernen Segellinienschiffe traten – auf den beginnenden Bruch mit der herkömmlichen Linientaktik aufmerksam gemacht werden. Unter dem Begriff «Panzerschiff» sammelte sich aber in zunehmendem Maße eine große Vielfalt unterschiedlichster Klassen und Typen, so daß eine Übersicht immer problematischer wurde.

In seinem 1881 veröffentlichten Buch «Das schwimmende Flottenmaterial der Seemächte», das einen ziemlich detaillierten und, soweit sich heute einschätzen läßt, auch realen Überblick über den Kriegsschiffsbestand der wichtigsten europäischen, amerikanischen und asiatischen Seestreitkräfte vermittelte, schrieb der österreichische Offizier von Kronenfels, die etwa 300 vorhandenen Panzerschiffe und Panzerfahrzeuge aller Nationen wichen in ihrer Bauart so voneinander ab, daß man ungefähr 80 verschiedene Typen unterscheiden könne. Für diese gab es recht unterschiedliche Klassifizierungen, die aber oftmals nicht lange beibehalten und teilweise auch recht willkürlich angewandt wurden.

Am einfachsten schien die große Unterteilung der dampfgetriebenen Kriegsschiffe nach der Art des technischen Vortriebs zu sein. Danach untergliederten sie sich in Rad- oder Schaufelradschiffe und Schraubenschiffe. Obwohl sich für die Schiffsschraube auch bald die Bezeichnung Propeller ein-

Amphitrite (1884)
45 m lang
TS
G 121

ungen, Not-
63 56
üftung - Kli-
25 07 99 84
ssaustr. 1a,

ngstechnik
0-0

/29 08
0
Weg 6,
6

Parkett / Fußboden

38100 BS, **PURUS,** große Auswahl Massivdielen, Parkette, Kork. - Jetzt mit Frühjahrsrabatt! ☎ 0531/12 62 26

38114 BS, **Miet-Center Peters,** Parkett- und Dielenschleifer inkl. fachlicher Einweisung, ☎ 05 31/50 91 19

38528 Adenbüttel, **Parkett-STECKHAN,** Fachbetrieb für Massivparkett, Dielen und Renovierungen, Auf der Heide 19, ☎ 0 53 04/50 18 54

38533 Vordorf, **FABER-Parkett** aus Meisterhand, Hulpenkamp 5a. ☎ 0 53 04/90 87 27 oder 01 75/8 20 02 02, www.Faber Parkett.de

Pflasterarbeiten / Kanalbau

38259 SZ, **GFI-Bau mbH,** Pflasterarb., Zufahrten, Terrassen, Palisaden, Hausanschl. ☎ 0 53 41/33 80 59, Qualität ist unsere Werbung

38259 SZ, **Pflasterfachbetrieb Ruhm GmbH,** , Kreuzacker 16, Bürozeiten: mo - fr. von 8.00 - 12.00 Uhr ☎ 0 53 41/39 88 955

38259 SZ, **Rogler Tiefbau GmbH,** Pflaster-, Erd- u. Kanalarbeiten, Festpreis. ☎ 0 53 41/39 66 27

Sachverständige

38124 BS Öffentl.best.vereidigter SV René Budries , HWK,für das Tischlerhandwerk. ☎ 05341/24 18 56

Sand und Kies

38122 BS, **Rüdebusch Baustoffe und Transporte,** Liebigstr. 3, ☎ 05 31/31 03 50

Schlüsseldienst

38102 BS, **Oppermann,** Helmstedter Str. 10, ☎ 05 31/79 72 62, Fax 05 31/7 74 5E

Tisc

38108 BS, D
Forsts

38112 BS, Fe

Tran

38110 BS-We

Trep

38159 Vech
Kloste

Einen Eindruck von der Uneinheitlichkeit des Schiffsbestandes der Kriegsflotten nach 1860 vermittelt diese zeitgenössische Darstellung von Einheiten der 1867 entstandenen Norddeutschen Bundesmarine. Im Vordergrund links ein Dampfkanonenboot vom Typ «Camäleon», rechts daneben der Dampfaviso «Grille». Im Hintergrund links in Kiellinie Segelfregatten und -korvetten, während rechts die Zentralbatterie-Panzerschiffe «Friedrich Carl» und «Kronprinz» (2 Schornsteine) dampfen und segeln

bürgerte, hat es aber an Stelle eines «Schrauben-Linienschiffes» niemals ein «Propeller-Linienschiff» gegeben.

Eine Zeitlang ist dann versucht worden, die gepanzerten Kriegsschiffe noch unter Verwendung der Klassifizierungsmerkmale der Segelkriegsschiffe einzuteilen.

Als die Schiffsklasse der Linienschiffe infolge des Wegfalls von Zwei- und Dreidecker-Kampfschiffen um 1855/1860 aufgegeben wurde, ging man im deutschen Sprachgebrauch dazu über, alle größeren Hochseepanzerschiffe mit Segeltakelage als *Panzerfregatten* zu bezeichnen. Dabei wurde es als nebensächlich angesehen, ob die Geschütze dieser Schiffe in einem Batteriedeck, in einer Kasematte oder in Türmen aufgestellt waren, obgleich sich dadurch wesentliche qualitative Unterschiede ergaben.

Gleichzeitig nannte man die für die offensive Küstenverteidigung bestimmten kleineren Panzerschiffe *Panzerkorvetten*, und zwar allein aus dem Grunde, weil bei diesen Schiffen die Hauptbewaff-

Das britische Batterie- bzw. Breitseitpanzerschiff «Minotaur» gehörte zu den ungewöhnlichen Kriegsschiffen des 19. Jahrhunderts. Das 124 m lange Einschraubenschiff wurde ursprünglich als Panzerfregatte mit 50 Kanonen entworfen. Der Stapellauf erfolgte 1863. Hier ist das Schiff noch als fünfmastiges Vollschiff dargestellt. Später wurde es mehrfach umgebaut, wobei man vor allem die Takelage und die Bestückung veränderte (u.a. wurden der 2. und 3. Mast entfernt und das Schiff als Bark getakelt). Als erstes britisches Panzerschiff erhielt die «Minotaur» Mitte der 70er Jahre elektrische Scheinwerfer. Nach Umbau zum Schulschiff wurde das Schiff 1904 in «Boscawen», später in «Ganges» bzw. «Ganges II» umgetauft. Der Abbruch soll 1922 begonnen haben

nung ungedeckt an Oberdeck, wie früher bei den Segelkorvetten, aufgestellt war. Im Grunde genommen war das aber unsinnig, denn diese Korvetten waren nur unwesentlich kleiner als die Fregatten und trugen außerdem das gleiche Geschützkaliber.

Im internationalen Maßstab waren schon nach dem Bau der ersten gepanzerten Schiffe und Fahrzeuge Ende der 50er Jahre Bestrebungen deutlich geworden, den Schiffsbestand nach Kriterien einzuteilen, die allgemeine Gültigkeit besaßen: nach dem Einsatzbereich und der Art und Weise der Bewaffnung.

Die Panzerschiffe wurden in solche der I. und II. Klasse eingeteilt, wobei die ersteren die Hochseeschiffe und die letzteren die im Küstenbereich kämpfenden waren. Die schwimmenden Batterien der britischen, französischen und russischen Marine gehörten deshalb zu den Panzerschiffen II. Klasse, auch wenn sie zeitweise außerhalb der eigenen Küstenbereiche eingesetzt wurden. Aber bereits in Auswertung des Bürgerkrieges in den USA 1861–1865 veränderte sich die Einteilung der gepanzerten Schiffe in drei Bereiche, wobei die Klassenbezeichnung entfiel. Die langsamen und schweren Hochseepanzerschiffe wurden fortan bis zur Wiedereinführung des Begriffs

«Linienschiff» (ab 1895) und der Rückkehr der Flottentaktik zur Schlachtlinie nach der Anordnung ihrer Hauptbewaffnung bezeichnet, woraus sich auch Hinweise auf die Anordnung der Panzerung ableiteten. Reihenfolglich entstanden in den 50er bis 80er Jahren Batterie-, Kasematt- und Turmschiffe. Die schnelleren und leichteren gepanzerten Hochseeschiffe waren Panzerfregatten bzw. -korvetten und die in den 70er Jahren aufkommenden Panzerkreuzer. Hier ordneten sich außer den sogenannten Ausfallkorvetten des Typs «Sachsen» auch einige der deutschen Kreuzerkorvetten und Großen Kreuzer ein, die in der Folgezeit entstanden. Diese Entwicklungsrichtung führte um die Jahrhundertwende zum Schlachtkreuzer.

Die dritte Entwicklungslinie der gepanzerten Fahrzeuge des 19. Jahrhunderts begann mit dem ersten Küsten-Turmschiff, dem «Monitor» von J. Ericsson 1861/62. Sie setzte sich dann fort in den *Küstenpanzerschiffen* oder Küstenverteidigungsschiffen unterschiedlicher Bauart, von denen viele nach ihrem «Stammvater» als *Monitor* bezeichnet wurden. Aufgrund ihrer speziellen Bauart und Bestimmung wurde bei den meisten dieser Schiffe von Beginn an auf eine Segeltakelage verzichtet. Deshalb sollen hier nur die unter Dampf und Segel fahrenden Hochseeschiffe jener Zeit näher betrachtet werden.

Nachdem gegen Ende des Krimkrieges erstmals eisengepanzerte *schwimmende Batterien* mit Dampfmaschine und Schraubenantrieb in der französischen und britischen Marine zum Einsatz gekommen waren, nahm die Zahl der Panzerschiffe schnell zu. Hauptsächlich handelte es sich dabei um Küsten- und Flußkriegsschiffe, weniger um Seeschiffe. Auf letztere übertrug man die Eisenpanzerung zunächst zögernd. Erst als sich Großbritannien und Frankreich gegenseitig den Rang ablaufen wollten, die meisten und stärksten Panzerschiffe zu haben, und andere Länder sich diesem Trend anschlossen, um ihren Platz unter den Seemächten zu sichern, erhöhte sich auch die Anzahl der seegehenden Panzerschiffe recht schnell.

Batterieschiffe oder Breitseitschiffe waren die ersten gepanzerten Dampfkriegsschiffe mit Segeltakelage, die entwicklungsmäßig unmittelbar an die Linienschiffe der Segelschiffszeit anschlossen. Zum Teil handelte es sich sogar um nachträglich mit Dampfmaschinen und Panzerung versehene ehemalige Segelkriegsschiffe. Ihre Bezeichnung wies auf die Beibehaltung der Geschützaufstellung in einem, sehr selten in zwei geschlossenen Batteriedecks hin. Die Geschütze feuerten wie früher nach der Breitseite durch Geschützpforten. Diese bildeten aber Schwachpunkte der über die ganze Länge gleichstark gepanzerten Bordwände. Sie verringerten die Standkraft der Batterieschiffe, weil sie bei Treffern den Sprenggranaten den Weg in das Schiffsinnere freigaben.

Als weiterer wesentlicher Nachteil der Batterieschiffe wurde sehr bald empfunden, daß infolge der großen Ausdehnung der gepanzerten Bordwände die Panzerung nirgends ausreichend stark sein konnte, denn mit Rücksicht auf die Schwimmfähigkeit der Schiffe durfte das Gesamtgewicht der Panzerung eine bestimmte Grenze nicht überschreiten. Andererseits durfte ein solches Schiff auch nicht übermäßig groß und teuer werden.

Die Flottentaktik wurde durch die Batterieschiffe nicht wesentlich verändert, weil sie wegen der Breitseitaufstellung der Bewaffnung wie die Segellinienschiffe in der Kiellinie fochten. Bedeutsam erwiesen sich die gegenüber ihren historischen Vorgängern gewachsene Geschwindigkeit und Manövrierfähigkeit sowie die Windunabhängigkeit, die jedoch von der Leistung der noch recht schwachen Antriebsanlage abhing.

Im Zusammenhang mit der bei Erprobungen und in der Praxis des Krimkrieges offenbar gewordenen unzureichenden Wirkung glattrohriger Schiffsgeschütze gegenüber Eisenpanzerungen führten diese Eigenschaften dazu, daß die Entscheidung im Kampf wieder zunehmend im Nahgefecht gesucht werden sollte. Der Rammstoß setzte dabei den Schlußpunkt. Zu diesem Zweck erhielten Batterieschiffe als erste gepanzerte Segel-Dampf-Kriegsschiffe einen zum Rammsporn ausgeprägten Vorsteven als zusätzliches Angriffsmittel. Kriegserfahrungen wie die Zerstörung der großen Segelfregatten «Congress» und «Cumber-

Das hölzerne Breitseitschiff «Lord Warden» im Trockendock. Es wurde 1863/65 erbaut und war mit 7842 t und 86 m Länge das größte jemals erbaute hölzerne Kriegsschiff. Die zeitgenössische Darstellung läßt einige interessante Details erkennen: so die Lage des Gürtelpanzers in der Wasserlinie und den abgenommenen Rammsporn. Der Bugspriet ist eingezogen. 1888 wurde das Schiff außer Dienst gestellt

land» durch das Panzerschiff «Virginia» (ex «Merrimac») 1862 und des italienischen Breitseitpanzerschiffes «Re d'Italia» durch das gleichartige, aber mit einem stärkeren Rammsteven versehene österreichische Panzerschiff «Erzherzog Ferdinand Max» 1866 bewiesen zwar die tödliche Wirkung des gezielten Rammstoßes im Gefecht, wurden aber dann auf lange Zeit überbewertet. Dies führte dazu, daß der Rammstoß wie in der Zeit der Antike einen festen Platz in der Flottentaktik fand und fast alle Kriegsschiffneubauten bis zum ersten Weltkrieg einen Rammsporn erhielten. Daraufhin wurde die Kiellinie als vorherrschende Gefechtsformation der Seekriegsflotte zeitweise aufgegeben und solche wie Dwars-, Peil- und Keilformation eingeführt, die die Ausführung des Rammstoßes begünstigten.

Typische Batterieschiffe, bei denen noch die Bordwände in ihrer gesamten Länge gleich stark gepanzert waren, stellten «Gloire» (französisch), «Erzherzog Ferdinand Max» (österreichisch), «Northumber-

Frühe Torpedoboote bei der Ausrüstung im gefluteten Trockendock. Das größere Boot vorn links trägt auf dem Vorschiff auf einer ringförmigen Schiene ein Torpedoabgangsrohr. Mittschiffs ist ein sogenannter Fischtorpedo zu erkennen. Das daneben liegende Boot hat auf der Back eine gleiche Kreisschiene und mittschiffs eine Torpedohalterung. In allen Marinen war es in den 70er und 80er Jahren üblich, die Dampfbeiboote der Panzerschiffe für die Torpedomitnahme vorzusehen

land» (britisch), «Sewastopol» (russisch) und «Terrible» (italienisch) dar, um nur einige Vertreter der ersten Hochseepanzerschiffe mit voller Beseglung zu nennen.

Diese hier lediglich kurz skizzierte Entwicklung führte vom Batterieschiff zum *Zentralbatterieschiff* – so bezeichnet, weil die Hauptbewaffnung bei ihm in einer stark verkürzten und verstärkt gepanzerten Batterie stand. Sie nahm ungefähr das mittlere Drittel des Schiffsrumpfes ein und schützte zusammen mit einem verhältnismäßig schmalen Panzergürtel in der Wasserlinie die Maschinen, Kessel und Vorräte.

Beim Übergang zum Zentralbatterieschiff hat neben der Absicht, den Umfang der Panzerung zu verringern und dafür deren Stärke partiell zu erhöhen, das Prinzip zugrunde gelegen, das erhöhte Gewicht der Artillerie und Panzerung möglichst nahe der Mitte des Schiffes zu konzentrieren, wo es die größte Tragfähigkeit besitzt. Dadurch wurden zugleich Vor- und

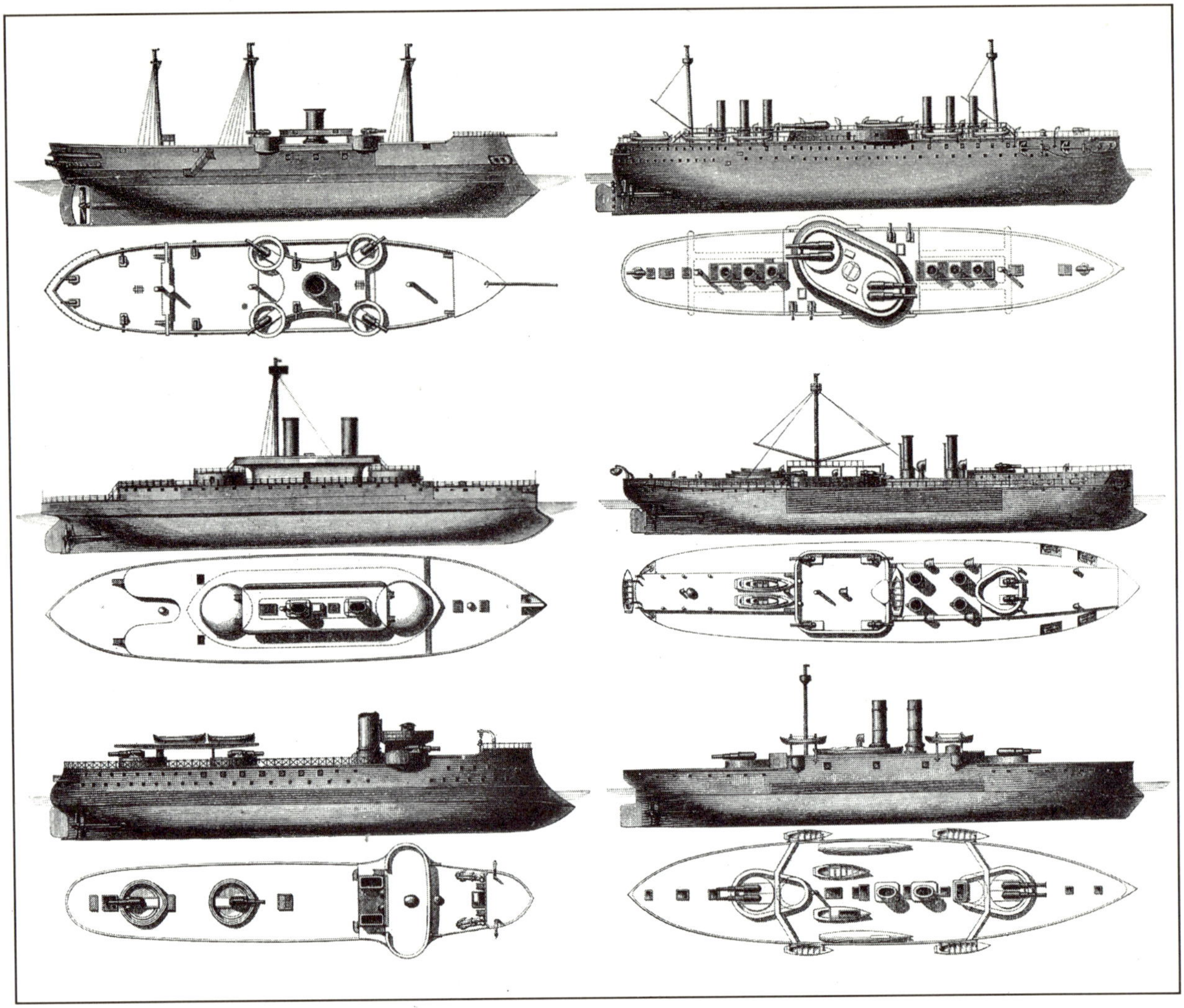

Achterschiff entlastet, was in jedem Falle die allgemeinen See-Eigenschaften verbesserte.

Ein Nachteil der alten Breitseitschiffe blieb aber, wenn auch in geringerem Maße, bei den Zentralbatterieschiffen bestehen: die bei stürmischem Wetter, insbesondere bei seitlichem Seegang, eingeschränkte oder erschwerte Nutzung der Hauptbewaffnung. So blieb die Forderung nach einer weiteren Vervollkommnung der Artillerieaufstellung aktuell, zumal nun auch schon die Auswertung der neuesten Kriegserfahrungen aus dem amerikanischen Bürgerkrieg und der Schlacht von Lissa erforderlich wurde.

Die überbewerteten Vorstellungen von den Möglichkeiten des Rammstoßes im Seegefecht schlugen sich auch in den Forderungen nach einer veränderten Geschützaufstellung nieder. Es wurde erhöhter Wert

Die «Ocean» (Stapellauf 1868) war das erste französische Hochseepanzerschiff, bei dem die Hauptbewaffnung in einer Kasematte angeordnet war. Das 93 m lange Schiff war zuerst als Vollschiff, später als Bark mit einer Segelfläche von über 2000 m² getakelt. Die Hauptbewaffnung bestand aus 6 274-mm-Geschützen in der Batterie und 4 240-mm-Geschützen in Barbetten, die sich oberhalb der Ecken der Kasematte befanden. Angetrieben wurde das 7750 t große Schiff durch eine liegende Dampfmaschine von 3100 kW. Infolge Verrottung ihres Holzrumpfes mußte die «Ocean» schon 1894 aus der Liste der Kriegsschiffe gestrichen werden

Bereits 1871 lief die «Devastation» als erstes britisches Hochseepanzerschiff vom Stapel, bei dem auf jede Beseglung verzichtet wurde. Das insgesamt 93,6 m lange Doppelschraubenschiff hatte eine Antriebsleistung von 4800 kW und ereichte knapp 14 kn. Seine Bewaffnung bestand aus 4 kurzen 305-mm-Vorderladern, die in 2 Doppeltürmen installiert waren. Die Gesamtmasse der Panzerung wurde mit 2540 t, das sind 27 Prozent der Schiffsmasse, angegeben. Der Gürtelpanzer war mittschiffs 305 mm, die Vorderseite der Türme 356 mm stark. Die geringe Freibordhöhe schränkte bei Seegang die Geschwindigkeit ein

Das Barbetteschiff «Admiral Duperré» (Stapellauf 1879) gilt als das Typschiff für die französischen Hochseepanzerschiffe der 80er Jahre. Bei ihm ging man endgültig von der Kasemattenanordnung der schweren Geschütze ab und ordnete sie erstmals ausschließlich im Vollkreis schwenkbar an Oberdeck an. Die Bestückung bestand aus 4 340-mm-Geschützen in den Barbetten und 14 138-mm-Geschützen in Breitseitaufstellung im Mittschiffsbereich. Außerdem war unmittelbar im Bug ein 164-mm-Jagdgeschütz installiert. Ungeachtet seiner maximal 5885 kW leistenden Maschinenanlage, die 14 kn erlaubte, war das 11000-t-Schiff zunächst mit einer Vollschiffstakelage versehen. Die Beseglung und das Vorgeschirr wurden in den 80er Jahren vereinfacht. Bemerkenswert waren die nebeneinanderstehenden Schornsteine

Die 1880 vom Stapel gelaufene «Italia» war ein Zitadellschiff. Es galt für einige Zeit mit seinen 15400 t Wasserverdrängung und 18 kn Geschwindigkeit als größtes und schnellstes Panzerschiff. Einige Fachleute wollten später in ihm den Vorläufer der Schlachtkreuzer sehen. Die Panzerung war flächenmäßig stark reduziert, wog aber dennoch insgesamt 3000 t, weil sie im Bereich der Barbetten bis zu 485 mm dick war. Das 124,7 m lange Schiff wurde von 4 stehenden Verbundmaschinen mit insgesamt 8826 kW Leistung angetrieben. Die Hauptbewaffnung bestand in den mittschiffs diagonal angeordneten 4 Monstergeschützen des Kalibers 432 mm. Nachdem die «Italia» mehrfach umgebaut und umklassifiziert worden war, wurde sie 1921 aus der Flottenliste gestrichen

Das Zitadellschiff «Sachsen» war das erste deutsche große Panzerschiff ohne Takelage und mit sogenannter Sandwich-Panzerung. Im Bereich der Zitadelle hatte die Panzerung einschließlich der Bordwand und der Holzhinterlagen für die Schmiedeeisenplatten eine Gesamtstärke von 1242 mm. Die «Sachsen» war das Typschiff einer Viererserie und lief 1877 vom Stapel. Die Länge betrug 98,2 m, die Wasserverdrängung 7680 t. Mit einer Antriebsleistung von 3680 kW wurden bei ruhigem Wetter 13,5 kn erreicht. Die Hauptbewaffnung bestand aus 6 260-mm-Geschützen in Barbetten. Charakteristisch war die Anordnung der 4 Schornsteine. Die Streichung erfolgte 1910

Als erstes Barbetteschiff der britischen Flotte gilt die «Collingwood», die 1882 vom Stapel lief. Wegen fehlender 305-mm-Hinterlader wurde das Schiff erst 1887 fertiggestellt. Nachteilig für das 100 m lange und 9500 t schwere Schiff war seine geringe Freibordhöhe, vor allem im Bereich des Vorschiffs. Mit 2 Hammermaschinen von insgesamt 7000 kW wurden 16,8 kn erreicht. Damit war die «Collingwood» das erste britische Panzerschiff mit einer Geschwindigkeit von über 16 kn. Die Stärke des Gürtelpanzers betrug mittschiffs 457 mm. Die Bestückung umfaßte 4 305-mm-, 6 152-mm- und 24 leichtere Geschütze sowie 4 Torpedorohre. 1909 wurde das Schiff zum Abbruch verkauft

auf ein wirkungsvolles Bug- und Heckfeuer gelegt. Um den Gegner während des Anlaufens zum Rammstoß in seiner Abwehr schwächen zu können, sollten verstärkt großkalibrige und weiterreichende Geschütze in Fahrtrichtung schießen. Gleichzeitig wollte man in ähnlicher Weise, nur mit Schußrichtung nach hinten, über Geschütze verfügen, um Verfolger abwehren oder beim Lösen vom Gegner den Rückzug decken zu können. Die Achteraus-Geschütze wurden deshalb auch als Retrait-(Rückzug-)Geschütze bezeichnet.

Zugleich mit der veränderten Geschützaufstellung, die deutlich den Wandel in der Flottentaktik erkennen ließ, wurde das geänderte Prinzip in Anwendung gebracht, den Gegner im Seegefecht künftig durch wenige, dafür aber um so wirksamere schwere Geschütze außer Gefecht zu setzen statt wie früher durch die Massenwirkung zahlreicher, aber relativ leichter Geschütze. Unter dem Aspekt des verstärkten Bug- und Heckfeuers forderte dies auch eine veränderte Anordnung der Panzerung, um die lebenswichtigen Einrichtungen des Schiffes vor längsschiffs einschlagenden Granaten zu schützen.

Die Zentralbatterie wurde deshalb vorn und hinten durch Querwände aus Panzerplatten verschlossen. Da die nun vollkommen seitlich abgeschlossene Batterie den Charakter einer Kernbefestigung erhielt, bezeichnete man die damit versehenen neuen Panzerschiffe als *Kasemattschiffe*. In noch stärkerem Maße als ihre Vorgänger ließen diese Schiffe den wichtigen

Die französische «Dévastation» (nicht zu verwechseln mit dem britischen Schiff gleichen Namens) war ein Zentralbatterieschiff, das 1879 vom Stapel lief. Es hatte 2 stehende Verbundmaschinen von 6030 kW Gesamtleistung und einen Kohlenvorrat von maximal 1100 t, besaß aber auch eine Vollschiffstakelage mit 2760 m² Segelfläche. Kessel- und Maschinenanlage wogen zusammen mehr als 1250 t. Die Bestückung des fast 10000 t großen Schiffes bestand aus 4 340-mm-Geschützen (im Unterteil der Batterie), 4 274-mm-Geschützen (im Oberteil der Batterie sowie vorn und achtern) und 6 140-mm-Geschützen. Die Panzerung der Bordwände war maximal 380 mm stark. Die zeitgenössische Darstellung zeigt das Schiff vor Anker beim Trocknen der Segel. Die eigenartige Konstruktion des Mittelschiffs zugunsten eines großen Schußbereichs der Zentralbatterie ist deutlich erkennbar

taktischen Wandel erkennen, den die Abkehr von der starren Einhaltung der Kiellinie als Hauptgefechtsformation der Flotte bedeutete. Die «Kasematt»-schiffe wiesen konstruktive Einrichtungen auf, um einen stärkeren Teil der Hauptbewaffnung beim Angriff oder beim Rückzug nach vorn oder hinten einsetzen zu können. Diese Lösungen waren recht verschiedenartig. Bei französischen Kasemattschiffen beispielsweise wurden die Bordwände vor und hinter der Kasematte stark einwärts gewölbt, damit die vorderen und hinteren schweren Breitseitgeschütze herumschwenken und nahe der Kielrichtung schießen konnten.

Aus dem gleichen Grunde ließ man bei englischen Schiffen die Kasematten seitlich über die Bordwand hinausragen und ordnete in den abgeschrägten Ecken zusätzliche Stückpforten an. Bei anderen Schiffen erhielten die Eckpartien der Kasematte Geschützstände in zwei Etagen. Verbreitet kamen auch für Bug- und Heckgeschütze seitliche Ausbauten in Anwendung, die wie Erker, Halbtürme oder Schwalbennester die Bordwände seitlich überragten. Durch solche Einrichtungen wurden immerhin Bestreichungswinkel von rund 100° erreicht, was schon einen wesentlichen taktischen Fortschritt bedeutete.

Solange aber von den Konstrukteuren der Hochseepanzerschiffe die Beibehaltung einer klassischen Segelschiffstakelage gefordert wurde, stieß vor allem die Aufstellung von in Fahrtrichtung schießenden schweren Geschützen auf erhebliche Schwierigkeiten. Dafür sorgte das für die Beseglung als notwendig angesehene Vorgeschirr, d.h. die Gesamtheit von Bugspriet und Klüverbaum mitsamt dem erforderlichen stehenden und laufenden Tauwerk zum Abstützen der Takelage nach vorn und zum Setzen von Vorsegeln. Alle konstruktiven Versuche, den Veränderungen in der Taktik durch ein in alle Richtungen möglichst gleich starkes Rundumfeuer der schweren Schiffsartillerie zu entsprechen, mußten scheitern, solange einerseits die Bewaffnung auf Batteriedecks und Kasematten beschränkt blieb und andererseits an einer vollwertigen Segeltakelage festgehalten wurde. Beispiele für unterschiedliche Bauausführungen bei Kasemattschiffen zeigten vor allem «Hercules» und «Sultan» (britisch), «Ocean» und «Dévastation» (französisch) sowie «Tegetthoff» (österreichisch).

Solange die Dampfkriegsschiffe einen Teil ihrer Bestückung in Batteriedecks führten, lief das Leben vieler Matrosen wie zur Zeit der Segelkriegsschiffe ab. Nach wie vor wurde neben den Geschützen gegessen und geschlafen. Das Exerzieren und die Wartung an der Bestückung (hier Hinterlader-Ringkanonen) waren sehr zeit- und kraftaufwendig

Insgesamt gesehen, stand die Feuerkraft der Kasemattschiffe in einem ungünstigen Verhältnis zum Masseaufwand für ihre Panzerung, die sich außer der Kasematte auf einen bis zu 3 m hohen Wasserlinien-Gürtelpanzer erstreckte und die Schwimmsicherheit bei Beschuß gewährleisten sollte.

Das Bemühen um eine zahlenmäßige Verringerung der immer schwerer werdenden Hauptbewaffnung auf den gepanzerten Schiffen brachte im Zusammenhang mit ihrer höheren Zerstörungskraft und aus taktischen Erwägungen mit sich, daß unter Ausschöpfung der verschiedensten technischen Lösungen nach einer optimalen Aufstellung der Schiffsartillerie gestrebt wurde. Generell ging es dabei darum, eine möglichst große Kampfkraft des Schiffes in jeder denkbaren Gefechtsrichtung zu erzielen. Das Streben nach größtmöglicher Zerstörungskraft der Schiffsartillerie hatte zu diesem Zeitpunkt bereits zu Kali-

Heizer und Trimmer vor den Kesseln im Heizraum der Kreuzerfregatte (Gedeckte Korvette, Schiff III. Ranges) «Moltke» (Baujahr 1877). Die Arbeit wird beaufsichtigt von einem Oberheizer (Mitte), einem Feuermeister (daneben rechts) und einem Wachingenieur (rechts im Hintergrund). Das häufige Reinigen der Feuerungen – eine schlimme Arbeit, die das Entfernen der Schlackenkruste von den Rosten einschloß – ließ zeitweise einen infernalischen Gluthauch entstehen, der oftmals zum Hitzschlag oder zur Bewußtlosigkeit infolge Atemnot führte. Der Einbau starker Zu- und Abluftgebläse verringerte zwar Hitze- und Gasbildung in den Heizräumen, verstärkte aber die ohnehin schon starke Geräuschkulisse und brachte die Erkrankung der Heizer durch Zugluft mit sich

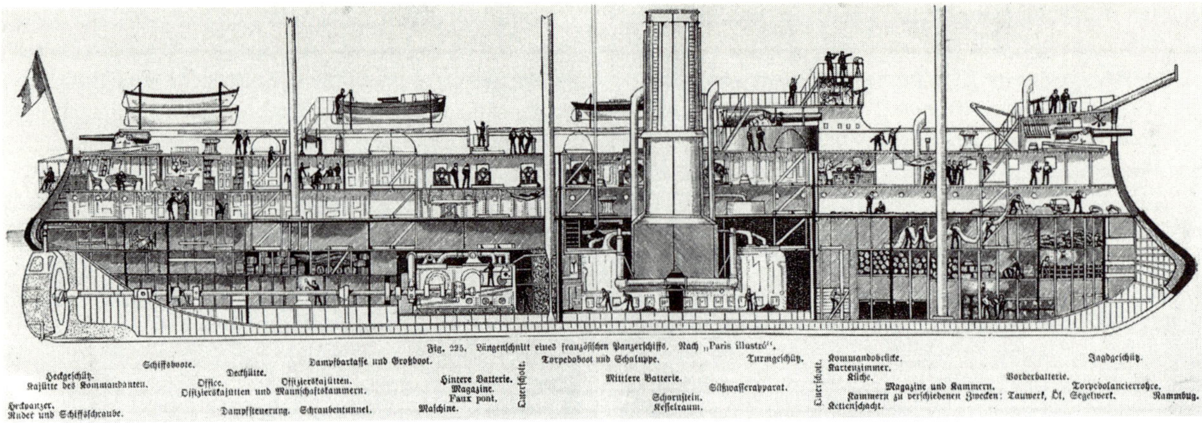

Längsschnitt durch ein französisches Zentralbatterieschiff. In annähernd gleicher Art wurden zwischen 1865 und 1886 10 Einheiten in 6 verschiedenen Typen gebaut. Sie waren zwischen 7580 und 10 450 t groß und zunächst alle als Vollschiffe oder Barken getakelt. Der Längsschnitt kommt am weitesten der «Colbert» und ihrem Schwesterschiff «Trident» nahe

bern von mehr als 305 mm und einer Rohrmasse von 80 t geführt. Zur weiteren Steigerung wurden 406- bis 450-mm-Geschütze mit 100 bis 110 t schweren Rohren entwickelt, die mit 1000-kp-Granaten Panzerplatten bis zu 600 mm Stärke durchschlagen konnten. Diese Tendenz führte zur endgültigen Abkehr von der bisher üblichen Praxis, das Hauptkaliber in Batterien und Kasematten aufzustellen. Die Einführung der Mittelpivotlafette mit Schwenkbarkeit im Vollkreis auch für schwere Geschütze ermöglichte diesen wichtigen technischen und taktischen Schritt. Als erste gingen ihn konsequent französische Konstrukteure, die ab 1876 das erste *Barbetteschiff*, «Admiral Duperré», bauten. Nach der Fertigstellung von 10 weiteren, ständig verbesserten Einheiten, wozu auch der Verzicht auf jede Beseglung gehörte, leiteten sie 1889 den Übergang zum Turmschiff «Brennus» ein. Bei den Barbetteschiffen befanden sich die Geschütze innerhalb von kreisrunden, oben offenen Panzerwänden, deren Stärke in etwa dem Geschützkaliber entsprach oder noch bis zu 10 Prozent dicker war. Die Höhe dieser Barbetten entsprach der Lafettenhöhe, d.h., die Geschütze schossen wie bei der Festungs- und Küstenartillerie «über Bank». Der praktisch erreichbare Bestreichungswinkel lag bei 110°.

Die britische Marine hatte auf dem 1873/76 gebauten Kasemattschiff «Temeraire» versuchsweise Barbetten mit sogenannten Verschwindlafetten aufgestellt. Dabei wurden die Geschütze im abgesenkten Zustand hinter dem Panzerschutz geladen und nur zum Schuß über den Barbettenoberrand hydraulisch angehoben. Es blieb bei diesem Versuchsschiff.

Die Barbette konnte nur eine Zwischenlösung auf dem Weg zum allseitig geschlossenen gepanzerten Geschützturm sein, wie ihn erstmals Ericssons «Monitor» 1862 besessen hatte. Die Einführung solcher Panzertürme auch für Hochseeschiffe war kein Modetrend, sondern eine Notwendigkeit. Infolge der zunehmenden Schußweiten stieg die Steilfeuerwirkung der schweren Schiffsgeschütze, machte es sich erforderlich, die Geschützpanzerung oben durch eine Panzerhaube oder einen flachen Turm zu schließen. Andererseits war die bei der französischen Marine festzustellende Tendenz, die wenig Schutz bietenden Barbettetürme beizubehalten, aus dem sich allmählich vollziehenden Übergang vom Vorder- zum Hinterladergeschütz erklärlich. Beim Hinterlader strömten die Pulvergase nach Öffnen des Verschlusses nach hinten in den Turm und belästigten dort die Geschützbedienung. Beim offenen Barbetteturm gab es diesbezüglich keine Schwierigkeiten.

Zu den letzten mit Segeltakelage gebauten Kreuzern gehörten in Deutschland die 6 Schiffe des Typs «Bussard». Sie liefen zwischen 1890 und 1894 vom Stapel und waren vor allem für den Einsatz in den Kolonien vorgesehen. Zuerst waren sie als Schunerbark, später als Topsegelschuner getakelt. Das Originalwerkfoto zeigt die «Geier» im Dezember 1895 bei der Werfterprobung. Das Schiff war 83,9 m lang und hatte eine Verdrängung von 1888 t. Bestückt war es mit 8 105-mm-Geschützen und einigen Revolverkanonen sowie 2 Torpedorohren. 1917 wurde es von der Marine der USA übernommen

Die Engländer, die unverhältnismäßig lange, schwere und schwerste Vorderlader einsetzten, verwendeten geschlossene Türme, weil bei ihren Geschützen nach dem Schuß die Pulvergase durch die Mündung abzogen. Erst als es gelang, die Geschütztürme ausreichend zu be- und entlüften, setzte sich die Aufstellung der schweren Geschütze in geschlossenen Türmen allgemein durch.

Die Erfahrungen des Krimkrieges auswertend, waren bereits um 1854, fast parallel, vom schwedischen Ingenieur John Ericsson und vom britischen Marinetechniker Henry Cowper Cole unterschiedliche technische Lösungen für den Bau gepanzerter Artillerie-Drehtürme vorgeschlagen worden. Der Cole-Turm drehte sich auf Rollen auf einer in das Deck eingelassenen Schwenkbahn. 1861 errichtete man den ersten Turm dieser Art auf der schwimmenden Batterie «Trusty», wo er nicht nur seine Funktionssicherheit bewies, sondern auch bei Beschießungsversuchen 33 Treffer fast schadlos überstand. Wiederum fast gleichzeitig setzte Ericsson seine Turmkonstruktion, bei welcher das Gehäuse über einer Drehachse angeordnet war, die unterhalb des Decks mechanisch bewegt wurde, auf den «Monitor». Dieses in nur 3 Monaten als Improvisation unter Kriegsbedingungen gebaute Fahrzeug gilt als erstes Turmschiff.

Hochseetüchtige *Turmschiffe* entstanden aber erst Ende der 60er Jahre. Nach umfangreichen Versuchen und einigen wenig geglückten Erprobungsschiffen wurde 1869 die «Monarch» in England in Dienst gestellt. Sie hatte eine Vollschiffstakelage mit fast 2700 m^2 Segelfläche. Jetzt erwies sich die Segeltakelage auf den Hochseepanzerschiffen als ernstes Hindernis, während sie bei den bisherigen Bauarten den Einsatz der Schiffsartillerie noch nicht oder nur begrenzt behindert hatte. Im Prinzip erforderte der Übergang zum Turm-Panzerschiff die endgültige Abkehr von der Besegelung. Auf dem barkgetakelten Turmschiff «Scorpion», das 1862 bis 1865 gebaut wurde, versuchten die Engländer, die Behinderung der Türme durch das stehende Gut zu mindern, indem erstmals Dreibeinmasten eingebaut wurden. Als Cole schließlich versuchte, die Merkmale des flachbordigen Turm-

Ab September 1891 liefen auf deutschen Werften 4 Panzerschiffe I. Klasse des Typs «Brandenburg» vom Stapel. Das waren die ersten deutschen Linienschiffe. Ihre Indienststellung erfolgte bis 1894. Es waren 113,7 m lange Schiffe, die eine Verdrängung von 10 500 t erreichten. Die Antriebskraft lieferten 2 stehende Dreifachexpansionsmaschinen mit insgesamt 7500 kW. Damit wurden 16,5 kn erreicht. Bestückt waren die Schiffe mit je 6 280-mm- und 105-mm-Geschützen sowie 6 Torpedorohren. Das Originalwerkfoto vom 12. September 1893 zeigt die «Kurfürst Friedrich Wilhelm» mit der Bugzier, den durch Klappen verschließbaren Ankerklüsen (4) und den dahinter angeordneten Bugtorpedorohren. Das Schiff wurde zusammen mit dem Schwesterschiff «Weißenburg» 1910 an die Türkei verkauft. Ein britisches U-Boot versenkte es 5 Jahre später

Kurz vor seinem Stapellauf fotografiert, zeigt das deutsche Panzerschiff I. Klasse «Kaiser Friedrich III.» seinen besonders stark ausgeprägten Rammsporn. Zwischen Rumpf und Kielpallungen ist das Bugtorpedorohr sichtbar. Das am 1. Juli 1896 aufgenommene Werftfoto läßt erkennen, daß die Gürtelpanzerung des Schiffes erst nach dem Stapellauf am Ausrüstungskai angebracht wurde. Dabei nahmen die sichtbaren Bohrungen die Befestigungsbolzen auf. «Kaiser Friedrich III.» war das Typschiff einer Serie von 5 Einheiten, die von 1898 bis 1901 in Dienst gestellt wurden, zu diesem Zeitpunkt aber schon veraltet waren

Am 30.10.1861 wurde nach Plänen Isaac Watts in Birkenhead mit der «Agincourt» eines der längsten Einschraubenschiffe auf Kiel gelegt und am 27.3.1865 in Dienst gestellt. Vermessen war der Fünfmaster mit 10600 t. Als Antrieb diente ein Dampfmaschinensystem mit Maudslayschem Kreuzkopf und rückkehrender Kolbenstange – eine Variante, die das Balancier überflüssig machte. Eine Leistung von etwa 5050 kW wirkte auf die Schraubenwelle. Bewaffnet war die «Agincourt» mit 4 229-mm- und 24 178-mm-Geschützen sowie 8 24pfündern (Salutkanonen). Als Besatzungsstärke werden 800 Mann genannt. Die «Agincourt» war als reines Breitseitschiff konzipiert worden und mit einem Rammsporn versehen. Von 1889–1909 diente sie nur noch als Schulschiff und schließlich als Kohlenhulk. Sie soll bis 1960 existiert haben. Die Abbildung zeigt die «Agincourt» im Jahre 1868

Nächste Seite
Nachdem am 7.2.1852 die preußische Handelsbrigg «Flora» von Kabylen des Beni-Julafa-Stamms an der marokkanischen Nordküste nahe Tres Forcas aufgebracht und geplündert worden war, sah man in Preußen darin eine günstige Gelegenheit, mit Waffengewalt in Marokko politische und wirtschaftliche Expansionsabsichten durchzusetzen. Im August 1853 erschien die 1851 in Danzig gebaute Radkorvette «Danzig» (1920 t) vor Tres Forcas. Am 7.8.1853 kam es dort zu einem Landungsgefecht, in das auch die «Danzig» mit ihren Bombenkanonen eingriff. In dem Gefecht, das nach 4½ Stunden mit dem Rückzug des Landungskorps endete, fielen 7 Mann von der «Danzig». Das Schiff ging nach Verkauf als japanische «Kwaiten» bei inneren Auseinandersetzungen am 20.6.1869 durch Feuer verloren

Rechte Seite
Panorama von Sewastopol, während des Krimkrieges von Deck eines britischen Kriegsschiffs aus gesehen. Der schwere Vorderlader vorn macht deutlich, daß sich bei der Schiffsartillerie gegenüber dem 18. Jahrhundert bis auf einige Details der Lafettierung noch nicht viel verändert hatte. Das Hauptproblem für die hölzernen Kriegsschiffe waren zu jener Zeit aber schon die Sprenggranaten (Bomben)

Im Zusammenhang mit der kolonialen Expansion im 19. Jahrhundert erhöhte sich auch die Bedeutung von Seelandungen in der Seekriegskunst. Die Anlandung von Teilen der Besatzung und von Marineinfanteristen, ausgerüstet mit Handfeuerwaffen, Entermessern (Seitengewehren) und leichten Geschützen (Boots- oder Landungsgeschützen), gehörte deshalb zur Gefechtsausbildung in allen Flotten. Von Dampfschiffen aus ließen sich solche Operationen leichter durchführen als von Segelschiffen aus

R. Knötel.

Während des Deutsch-Französischen Krieges 1870/71 wurde die am 13.5.1864 von Frankreich gekaufte nunmehr preußische Glattdeckskorvette «Augusta» (2272 t) als Handelsstörer vor der französischen Küste eingesetzt. Es gelang ihr, am 4.1.1871 die französische Brigg «St. Marc» vor der Loiremündung aufzubringen. Unmittelbar danach wurden die Bark «Pierre Adolphe» und vor der Garonnemündung der Regierungsdampfer «Mars» genommen. Die Abbildung zeigt die von der «Augusta» (vorn rechts) in Brand geschossene und dann versenkte «Mars». Die «Augusta» ist im Juni 1885 im Golf von Aden verschollen

Zur Beobachtung des für den 9.12.1874 berechneten Durchgangs der Venus zwischen Sonne und Erde sollte u. a. auf einer der Kerguelen-Inseln eine Station errichtet werden. Die am 15.5.1862 in Dienst gestellte Schraubenfregatte bzw. Gedeckte Korvette «Gazelle» (2391 t) war für den Transport der Instrumente und Wissenschaftler vorgesehen. Ihr Auftrag wurde dann um zusätzliche wissenschaftliche Arbeiten auf den Gebieten Ozeanographie, Geographie, Ethnographie und Zoologie erweitert. Am 21.6.1874 begann die «Gazelle» ihre Weltreise von Kiel aus. Am 1.2.1876 lief sie in die Magellanstraße ein, und in Punta Arenas begegnete sie dem ebenfalls auf einer Erdumsegelung befindlichen, 1863 gebauten Schwesterschiff «Vineta». Diese Begegnung ist hier im Bild festgehalten. Das Schiff ist 1906 abgewrackt worden

Während des Deutsch-Dänischen Krieges kam es am 9. 5. 1864 bei Helgoland zu einem Seegefecht, an dem österreichisch-preußische Schiffe auf der einen Seite und das dänische Blockadegeschwader unter Suenson auf der anderen Seite beteiligt waren. Die Abbildung zeigt die Situation gegen 17 Uhr

Im 19. Jahrhundert waren Küstenbeschießungen ohne reguläre Kriegserklärung eine häufig praktizierte Methode der europäischen Seemächte. Vielfach wurden dabei «Überfälle» auf Konsulate und Handelsschiffe, die häufig gestellt genug anmuteten, zum willkommenen Anlaß für kolonialistische Strafaktionen durch die Seestreitkräfte genommen. Auf dem Bild beschießen französische Korvetten eine mexikanische Hafenstadt

«Newark», ein schneller, geschützter Kreuzer der USA. Obwohl erst 1895 in Auftrag gegeben und bereits mit 2 Dreifachexpansionsmaschinen von insgesamt 6500 kW für 19 kn Geschwindigkeit ausgerüstet, erhielt das Doppelschraubenschiff eine Barktakelung. Der Kreuzer war 100 m lang und hatte eine Wasserverdrängung von 4600 t. Die Hauptbewaffnung von 12 152-mm-Geschützen war in Schwalbennestern entlang den Bordwänden aufgestellt

Uniformen der Marine und der Marineinfanterie der USA Mitte des 19. Jahrhunderts:
1 – Rear admiral
2 – Captain
3 – Lieutenant in Dienstuniform
4 – Sailor
5 – Captain der Marine-infanterie
6 – Lieutenant im Mantel
7 – Private (Soldat) der Marineinfanterie

schiffs mit denen eines Hochseeseglers zu verbinden, kam es Ende 1870 zur berühmt-berüchtigten Katastrophe der britischen «Captain», wobei auch der Konstrukteur ums Leben kam. Zu geringe Freibordhöhe, eine zu hoch angebrachte Panzerung, eine gefährliche Kopflastigkeit durch zwei jeweils 170 t schwere 305-mm-Doppeltürme und eine zu großflächige und schwere Vollschiffstakelage mit 2500 m^2 Segelfläche werden als Hauptgründe für das Kentern der «Captain» genannt.

Obwohl in England 1869 bis 1873 die «Devastation» als erstes hochseefähiges Turmschiff ohne Beseglung gebaut worden war und sich auch bewährt hatte, wurden danach wieder weitere Turmschiffe mit voller Segeltakelage gebaut, darunter die mit stärkerer Panzerung (610 mm) und schwersten Geschützen (4 mal 406 mm) bestückte «Inflexible». Erst Mitte der 80er Jahre kam es zum längst fälligen Verzicht auf Beseglung bei den Hochseepanzerschiffen Englands und Frankreichs.

Die russische Marine hatte sich zu diesem notwendigen Schritt eher entschlossen. Ihre letzten getakelten Hochsee-Turmschiffe des «Admiral»-Typs waren 1867/68 in einer Viererserie vom Stapel gelaufen. Es sollte sich bald herausstellen, daß der Wegfall der Segeltakelage mehrere Vorteile mit sich brachte. Die früher für Masten, Stengen, Rahen und das sonstige Zubehör der Takelage aufgewandte Masse konnte jetzt einem vergrößerten Kohlenvorrat dienen. Das wiederum ermöglichte einen größeren Fahrbereich des Schiffes. Der Verzicht auf die Beseglung verbesserte die Stabilitätsverhältnisse, verringerte den schädlichen Widerstand und setzte die Besatzungsstärke herab. Und außerdem erhielten die Turmgeschütze einen größeren Schußbereich.

Aus besonderen konstruktiven Lösungen heraus entstand ein Teil der Turmschiffe als *Brustwehr-*, andere als *Zitadell-Panzerschiffe*. Die ersteren erhielten diese Bezeichnung wegen der Anordnung der Geschütztürme innerhalb einer zusätzlichen senkrechten Panzerung, die sich auf dem Oberdeck wie eine Brustwehr erhob. *Zitadellschiffe* nannte man Barbette- oder Turmschiffe, bei denen die Hauptbewaffnung innerhalb eines rundum geschlossenen und gepanzerten Bereichs im Mittelschiff standen und die gewissermaßen eine Kombination zwischen Kasematt- und Turmschiff darstellten. Zu Schiffen dieser Art zählten die deutschen Panzerschiffe des Typs «Sachsen», die bereits ohne Segeltakelage gebaut wurden.

In den 60er Jahren begann die Herausbildung der Schiffsklasse des *Kreuzers*. Man kann ihn als einen mit den technischen Mitteln und taktischen Prinzipien seiner Zeit gestalteten Nachfahren gleich mehrerer Schiffsklassen der Segelschiffszeit bezeichnen. Der Kreuzer vereinigte in sich Merkmale und Aufgaben der Fregatte, Korvette (Sloop, Klipper), des Avisos und des seegehenden Kanonenboots. Seine Evolution vollzog sich von den 60er Jahren bis zum Ende der 80er Jahre. Die technische Umwandlung erstreckte sich vom Schnellsegler über den Radantrieb bis zur Verwendung von Propellern. Dabei wurde aber, aus der heutigen Sicht beurteilt, unverhältnismäßig lange an einer, wenn auch schrittweise verringerten, Segeltakelage als Marschantrieb festgehalten – noch wesentlich länger als bei den Panzerschiffen. Viele Kreuzer trugen eine komplette Segeltakelage bis zur Jahrhundertwende, andere bis zum ersten Weltkrieg. Entsprechend seinem Ursprung gestaltete sich sein Aufgabenbereich vielschichtig, wobei es natürlich auch nationale Besonderheiten gab.

Im allgemeinen bestand die Aufgabe der Kreuzer in Friedenszeiten darin, in dem ihnen zugewiesenen Seegebiet die Macht- und Sicherheitsinteressen ihres Flaggenstaates wahrzunehmen und zu repräsentieren. In Kriegszeiten wurden sie vor allem zur Aufklärung, zum Vorposten- und Blockadedienst, zur Geschwadersicherung, zu Angriffen auf leichte Flottenkräfte und Handelsschiffe des Gegners sowie zum Schutz der eigenen Seeverbindungen eingesetzt. Später dienten sie auch als Führerschiffe für die aufkommenden Torpedoboote.

Ab Ende der 60er Jahre begann – zuerst in Frankreich («Belliqueuse», Stapellauf 1865) und Rußland («General-Admiral», 1873) sowie schließlich auch in England («Shannon», 1875) – der Bau einer neuen Unterklasse der Kreuzer. Der *Panzerkreuzer* sollte vor allem der bewaffneten Aufklärung in größerer Entfernung vom Gros der Flotte und der Sicherung eigener Flottenkräfte dienen und fand auch in den anderen Flotten rasch Eingang. Bei diesem Kreuzer, dessen Entwicklungslinie Anfang des 20. Jahrhunderts zum Schlachtkreuzer führte, waren außer dem Deck Teile des Schiffsrumpfes und der Aufbauten mit Panzerschutz versehen.

Im Prinzip ist der Panzerkreuzer immer ein Kompromißschiff gewesen und hat wohl auch deswegen nur eine kurze Geschichte. Im Grunde genommen war er hervorgegangen aus einem verkleinerten Panzerschiff für den Dienst auf Überseestationen und sollte ein im Gefechtswert maßstäblich verkleinertes Panzerschiff bzw. Linienschiff sein. Es erscheint bemerkenswert, daß sich damit bei diesem Kreuzer die Inkonsequenz der schweren Zweidecker- oder Doppelbankfregatten der Segelschiffszeit wiederholte. Sie sollten zu ihrer Zeit neben dem Linienschiff in der Schlachtformation kämpfen, obgleich dieser Einsatz ihre Möglichkeit im Kampf auf See beschnitt und dem Sinn der Fregatte bzw. des Kreuzers widersprach.

Entwicklungsphasen der Panzerschiffe

Etwa 1850–1860: ungepanzerte hölzerne *Schraubenlinienschiffe*
↓
hölzerne, später eiserne *Panzerschiffe*
↓

	Panzerschiffe I. Klasse		Panzerschiffe II. Klasse
			↓ Panzerbatterien
1858–1865	Batterieschiffe		
1865–1870	Zentralbatterieschiffe	Monitore	Panzerkorvetten und -fregatten
1865–1875	Kasemattschiffe		
1875–1895	Barbetteschiffe	Küsten-Panzerschiffe	Panzerkreuzer
	Turmschiffe		
	Linienschiffe		Flotten-Panzerkreuzer

SCHIFFSARTILLERIE UND PANZERUNG

Die russische Schwarzmeerflotte setzte am 30. November 1853 vor Sinope in weniger als 3 Stunden einen türkischen Flottenverband mit 7 Fregatten, 3 Korvetten und 5 anderen Schiffen sowie 4 Küstenbatterien (insgesamt 548 Schiffs- und Küstengeschütze) vor allem unter Einsatz von 76 Bombenkanonen außer Gefecht. Damit war die tödliche Gefahr offenbar geworden, die den hölzernen Segelkriegsschiffen durch diese neuen Waffen drohte. Mit der «Bombe», wie man die mit einer Sprengladung versehene Kanonenkugel nannte, war das glatte Geschütz auf dem Gipfel seiner Wirksamkeit gegen Holzschiffe angelangt. Der französische Artillerieoffizier Paixhans, dem in Europa die Erfindung der Bombenkanone für Sprengkugeln zugeschrieben wird, hatte allerdings schon 1824 ein wirksames Abwehrmittel empfohlen: die Panzerung von Schiffen. Bei der Beschießung der Küstenfestung Kinburn am 17. Oktober 1855 während des Krimkrieges bewährten sich dann auch 3 schwimmende Panzerbatterien der französischen Marine bestens gegenüber den «Bomben» der Russen. Die Granaten der bei der Verteidigung Sewastopols so erfolgreich eingesetzten russischen Bombenkanonen zerschellten wirkungslos an ihren mit Schmiedeeisen gepanzerten Schiffswänden. Der französische Admiral Bruat schrieb damals in seinen Gefechtsbericht: «Wer kann wissen, was von diesen neuen Kriegsmaschinen noch zu erwarten ist ...?» Und er schien recht zu behalten, denn die Versuche, dem Panzermaterial mit einer Steigerung des Kalibers der glatten Kanonen beizukommen, endeten schließlich in einer Sackgasse: Das Kaliber ließ sich nicht beliebig steigern. Und da die Masse des Kugelgeschosses vom Kaliber abhing, hatte auch dessen Wirksamkeit gegenüber Panzerplatten seine Grenzen. Dagegen war bei Langgeschossen ein Vergrößern der Geschoßmasse bei gegebenem Kaliber möglich. Doch Langgeschosse schlossen die Verwendung von glatten Rohren aus, weil sie sich wegen des Luftwiderstands sofort nach Verlassen des Rohres überschlagen hätten, was Granaten, deren Spitze ja auf das Ziel auftreffen und dadurch krepieren sollte, sinnlos machte. Der schwedische Baron Wahrendorff und der sardinische Artilleriemajor Cavalli hatten bereits um 1846 den gangbaren Weg gewiesen, der schon seit Mitte des 17. Jahrhunderts bei Handfeuerwaffen beschritten wurde. Sie statteten Geschützrohre mit spiralförmig in die Seelenwand eingeschnittenen Zügen aus. Die zylindrokonischen Geschosse

Vorderladergeschütz mit Richtschraube und hölzerner Lafette auf einem typischen Kanonenboot der Föderierten während des amerikanischen Bürgerkrieges. In Europa war man zu jener Zeit schon zu metallenen Lafettenkonstruktionen, zur Rahmenlafette, übergegangen

erhielten bei Cavalli an der äußeren Mantelfläche besondere Führungswarzen, die gewährleisteten, daß das Geschoß der Drehung der Züge folgte. Wahrendorff umgab das Geschoß mit Blei, das sich beim Schuß in die Züge preßte, und erzielte damit sogar schon eine Pressionsführung.

Glatte Kanone oder gezogenes Geschütz?

Der französische Geschützkonstrukteur La Hitte griff diese Idee Ende der 50er Jahre wieder auf, ließ Züge in glatte Vorderlader einschneiden und verbesserte tatsächlich damit die ballistischen Eigenschaften der Granaten, erzielte größere Reichweiten und Treffsicherheit. Im österreichisch-französisch-piemontesischen Krieg von 1859 bewiesen die französischen gezogenen Vorderlader mit Warzenführung ihre Überlegenheit gegenüber den glatten Kanonen der Gegner. Ein großer Vorteil der Langgeschosse bestand vor allem darin, daß sie im Gegensatz zu den Kugelgeschossen die Sprengwirkung über einen Aufschlagszünder ins Schiffsinnere tragen konnten.

In Großbritannien überzeugte erst ein Schießwett-

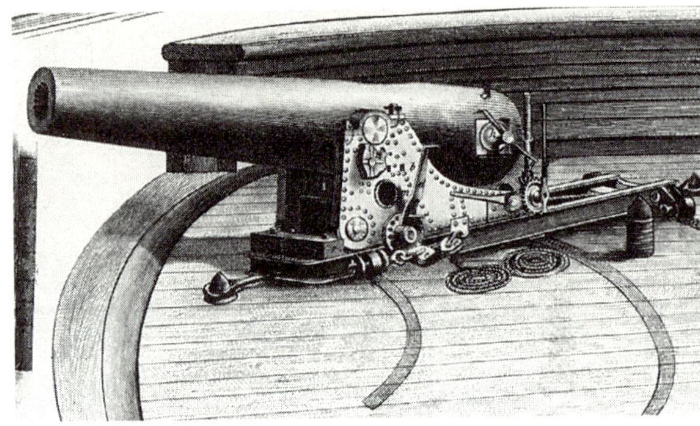

Gezogener Kruppscher 72-Pfünder-Hinterlader aus Gußstahl mit eiserner Rahmenlafette in Oberdecksaufstellung. Die frühen Hinterlader von Krupp waren wegen der Verschlußprobleme nur für kleinere Kaliber ausgelegt und damit zu jener Zeit noch den britischen großkalibrigen Vorderladern unterlegen

bewerb zwischen einem glatten und einem gezogenen 150-mm-Geschütz im Jahre 1861. Trotzdem verstummten bis 1865 hier nicht die Stimmen solcher Leute wie General H. Douglas u. a., die weiterhin am Rundgeschoß für glatte Kanonen festhalten wollten (Erschütterungstheorie). Immerhin hatten Nelson und andere Admirale damit ihre Siege erfochten und Großbritanniens Seemacht auf allen Meeren begründet. So kam es schließlich als «Kompromiß» zu fragwürdigen Experimenten mit Kugelgeschossen, die man für den Schuß aus gezogenen Rohren mit Führungswarzen versehen hatte.

In den Marinen Preußens, Österreichs und Rußlands war man bereits um 1860 allgemein zur Einführung gezogener Geschütze übergegangen, wenngleich die glatten schweren Kanonen keinesfalls sofort von Bord verschwanden. Auch in den USA hatte man die höhere Wirksamkeit der gezogenen Geschütze erkannt und in glatte Vorderlader nachträglich Züge eingeschnitten. Doch nach einigen Mißerfolgen kam man zum glatten Geschütz zurück, dessen Kaliber

Gepanzerter Drehturm mit 2 gezogenen 406-mm-Geschützen auf dem britischen Panzerschiff «Inflexible», die alle 2 Minuten 1 Schuß abfeuern konnten. Das war für solch riesige Kaliber in jener Zeit eine Weltbestleistung. Allerdings war die Lebensdauer dieser Geschütze bei den eingesetzten notwendigen Pulvermengen gering. «Inflexible» war gebaut worden, um britische Machtinteressen gegenüber Italien im Mittelmeer wahrnehmen zu können. Während die etwa 1 Jahr zuvor gebauten Turmpanzerschiffe «Dandalo» und «Duilio» der italienischen Marine bereits völlig ohne Segel liefen, war die 1876 vom Stapel gelaufene und 11 880 t verdrängende «Inflexible» noch mit einer vollständigen Rahtakelung ausgerüstet. Dabei verlieh die Dreizylinder-Compound-Expansionsmaschine dem Schiff bei einer Leistung von 6183 kW schon eine Geschwindigkeit von 12 kn. «Inflexible» kann als ein Vertreter jener Schiffe bezeichnet werden, bei denen die Widersprüchlichkeit zum erreichten technischen Stand am deutlichsten zum Ausdruck kam. Zugleich verkörperte sie das Suchen nach Lösungen für eine günstige Art der Geschützturmaufstellung (Diagonalprinzip)

allerdings nun bis auf 15 Zoll (381 mm), ja sogar bis auf 20 Zoll (508 mm) kräftig gesteigert wurde. Hierbei machte sich besonders der Ingenieur und Konteradmiral Dahlgren einen Namen. Seine gußeisernen Geschütze – Engels verglich ihre Form mit einer

Sodaflasche – erhielten im Bürgerkrieg legendären Ruf, obwohl viele seiner am Stoß und in der Schildzapfengegend sehr dicken Kanonen im Verlauf der

Die mit 21 schweren Kanonen bestückte «Arrogante» war eine jener schwimmenden französischen Batterien, die aufgrund ihrer Panzerung den russischen Bombenkanonen vor Kinburn während des Krimkrieges standhalten konnten. Ausfälle an Menschen hat es lediglich dadurch gegeben, daß Granaten durch die Stückpforten in das Schiff eingedrungen waren. Diese Panzerbatterien erwiesen sich nicht als sehr seefähig. Die spärliche Takelage wie auch die geringe Leistung des Dampfantriebs (88 kW) ließen einen Einsatz nur in Küstennähe geraten erscheinen

Kämpfe zersprangen. Ihr Ruhm begründete sich wohl vor allem darauf, daß beiden Seiten, sowohl den Nord- als auch den Südstaaten, zu jener Zeit (1863) kaum besseres Geschützmaterial zur Verfügung stand und die glatten Armstrong-Kanonen den Dahlgren-Geschützen tatsächlich noch unterlegen waren.

Zu Beginn der 60er Jahre standen also zwei Geschützarten zur Diskussion: der großkalibrige glatte Vorderlader und das gezogene Geschütz. Doch beim Hin und Her im Streit um diese Geschützvarianten – wie später bei der Frage Vorderlader oder Hinterlader und auch bei den Monstergeschützen der 70er und 80er Jahre – ging es stets um das gleiche Ziel: die Wirkung der Geschütze gegenüber den nun auch gepanzerten Schiffen zu erhöhen.

Nachdem der Panzerschutz für Schiffe seine Wirksamkeit im Krimkrieg und im Sezessionskrieg der USA bewiesen hatte, entstand 1859 nach Plänen von Dupuy de Lômes in Frankreich mit der «La Gloire» das erste gepanzerte, hochseefähige Kriegsschiff der Welt. Die Kreuzerfregatte verdrängte etwa 5630 t und war mit 36 glatten 163-mm-Geschützen bewaffnet. Die Panzerung hatte eine Stärke von 102 bis 660 mm. Im Gegenzug lief 1860 das erste gepanzerte britische schraubengetriebene Batterieschiff «Warrior» vom Stapel, das mit 48 glatten Kanonen wesentlich stärker bewaffnet war. «Warrior» verdrängte 9137 t und wies Panzerdicken von 114 bis 457 mm auf

Schiffspanzerung

Leicht ist es den Befürwortern des Eisenschiffbaus und der Panzerung von Schiffen im Sinne Paixhans' oder des Amerikaners E. A. Stevens nicht gefallen, die Marineführungen und Parlamente ihrer Länder zu überzeugen. Über lange Zeit stand ihnen eine fast übermächtige Opposition gegenüber. Als Begründung für die ablehnende Haltung wurde beispielsweise das spezifische Gewicht des Eisens ins Gefecht geführt, das ein Schwimmen des Metalls auf Wasser ausschloß. Bei einem Leck prophezeite man ein sofortiges Sinken des Schiffes. Balken, an die sich Schiffbrüchige klammern

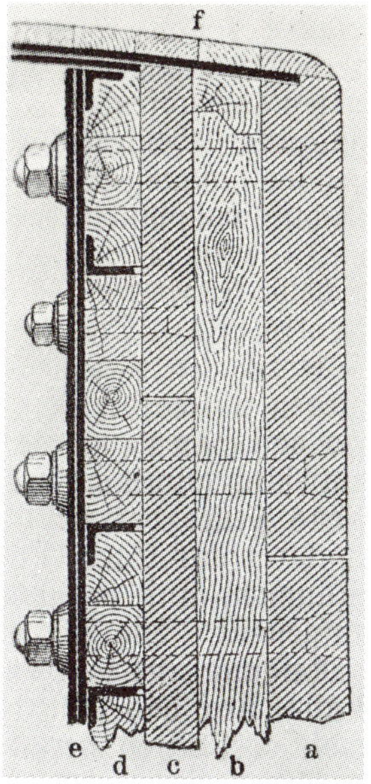

Querschnitt durch die Bordwand der Panzerkorvette (Turmschiff) «Sachsen», die 1877 als sogenannte Ausfallkorvette – ein Begriff, der durch Landkriegsdenken geprägt wurde – entstanden ist:
a – Panzerplatte, 254 mm;
b – Holz, 200 mm;
c – Panzerplatte, 152 mm;
d – Holz, 200 mm;
e – Innenhaut,
2 Bleche von jeweils 25 mm;
f – Decksplanken

Eine Panzerplatte wird in der Kaiserlichen Werft Wilhelmshaven auf die seitliche Bordwand (Gürtelpanzer) eines Panzerschiffs aufgesetzt. Deutlich ist auf diesem Originalwerkfoto die Holzhinterlage im Bereich des Gürtels zu sehen

könnten, gäbe es dann auch nicht mehr. In fernen Gewässern seien Reparaturen nicht ausführbar. Treffer erzeugten gezackte Löcher, die sich nur schwer abdichten ließen ... Kurz gesagt: Die konservativ eingestellten Admirale hielten eiserne Bordwände für unsinnig, ja für gefährlicher als hölzerne. Sie wiesen auf die kleinen Metallsplitter hin, die beim Zerschellen von Geschossen an der Eisenwand die Mannschaft verstümmeln würden. Sir Howard Douglas schrieb 1855: «Ein glattes, sauberes Loch in einem Körper ist besser als von grausamen und in den meisten Fällen unheilbaren Wunden zerrissen zu werden, die die Splitter eiserner Schiffswände erzeugen.» – Doch das war genau der Punkt, wo die Befürworter der Panzerung einhaken konnten: Holzsplitter hatten bislang die weitaus stärksten Personalausfälle auf den Segelkriegsschiffen verursacht, wobei von glatten, sauberen Löchern nicht die Rede gewesen sein konnte.

Den Durchbruch brachte aber erst der Krimkrieg. Nach schweren Verlusten an hölzernen Schiffen vor Sewastopol erwiesen sich die von Labrousse konstruierten französischen schwimmenden Panzerbatterien «Dévastation», «Lave» und «Tonnant» den «Bomben» der Russen gewachsen, obwohl sie bis zu 80 Treffer erhielten. Diese etwa 1500 t großen Schiffe trugen 16 50-Pfünder-Kanonen und waren als Schuner getakelt. Unter Dampf erreichten sie aber nur 3–4 kn, so daß sie über größere Strecken meist geschleppt werden mußten. Ihr Einsatz war der Beginn des Wettlaufs zwischen Panzerung und Schiffsartillerie. Allerdings ging es anfangs weniger darum, Schiffe durch eine Eisenbekleidung unverwundbar zu machen, sondern mehr um die Begrenzung der gegnerischen Artilleriewir-

Originalwerkfoto von einem im Bau befindlichen deutschen Panzerschiff. Die Heckaufnahme zeigt, daß die aufgelegten Deckspanzerplatten mit Schrauben fixiert worden sind, um ein Verrutschen beim Nieten zu vermeiden

kung. Die Seeleute sollten wieder «Gelegenheit zum Siege durch Geschicklichkeit und Muth» erhalten, wie ein Zeitgenosse damals formulierte. Doch als es erstmals Ende der 50er Jahre gelang, einen Panzer aus zusammengenieteten Blechen herzustellen, der den damals schwersten Schiffsgeschützen trotzte, glaubte man, daß der Panzerschutz im Wettstreit mit dem Geschütz für immer Sieger bleiben würde. «Aber der

Rechte Seite
Hinterladergeschütz mit hydraulischer Bremse in offener Barbette auf dem Geschützten USA-Kreuzer «Atlanta» (80er Jahre). Lange Zeit hatte man in den USA an glatten, später gezogenen Vorderladern festgehalten. Nachdem man auch in der USA-Marine von den Vorteilen des Hinterladers überzeugt war, konnte die einheimische Industrie nicht sofort die Produktion aufnehmen, weil Erfahrungen fehlten. Deshalb ist auch dieses 8-inch- (203-mm-) Geschütz noch in Großbritannien gebaut worden

Ein britisches 177-mm-Geschütz von 7 t Masse in der von Moncrieff entwickelten sogenannten Gleichgewichtslafette mit Mittelpivotierung. Das Rohr ruhte auf einer Art Schlitten, der über 2 Schienen nach hinten unten rollen konnte. Solche Geschützsysteme wurden vor allem für Überbankfeuer eingesetzt

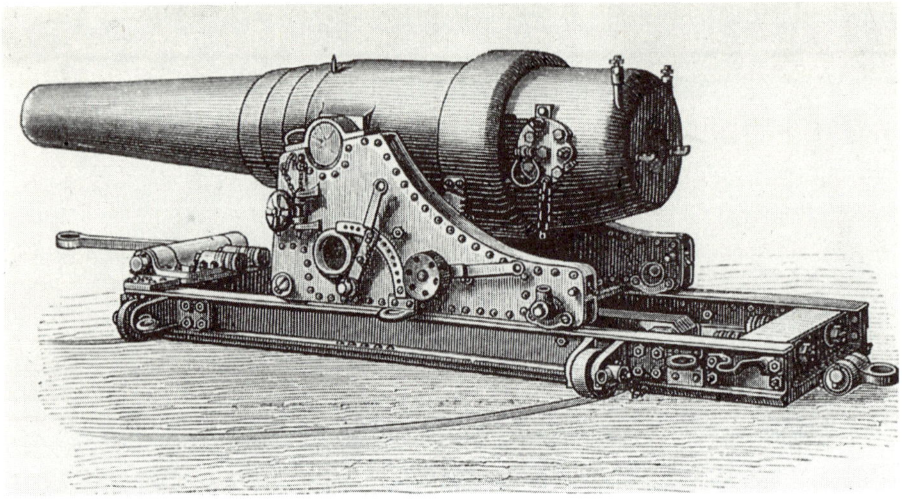

210-mm-Ringkanonen von Krupp: oben in Vorderpivot-Rahmenlafette für Breitseitaufstellung; unten in Mittelpivotlafette mit Panzerschutz für die Oberdecksaufstellung. Die Panzerfregatten «Kronprinz» (Baujahr 1867) und «König Wilhelm» (Baujahr 1868) waren beispielsweise mit solchen 210-mm-Geschützen bewaffnet

Rechte Seite oben
Alle Kanonen für die US Navy wurden bei Privatfirmen hergestellt, die vor allem im Südosten der USA konzentriert waren. Die gezogenen Hinterlader bestanden aus einem stählernen Zylinder, auf den ein kurzer Stahlmantel und darauf mehrere Stahlringe aufgezogen wurden. Zuerst drehte man Zylinder und Mantel und bohrte sie dann – ein aufwendiger Prozeß. Danach zog man den erhitzten Mantel auf das Rohr. Wiederum folgte eine maschinelle Bearbeitung der so entstandenen Oberfläche. Dann wurden die Ringe aufgeschrumpft. Nun bohrte man den Zylinder (Rohr) auf ein feineres Maß und fräste die Züge heraus. Die Aufnahme zeigt ein Rohr nach diesem Arbeitsvorgang. Zum Schluß wurde noch der Verschlußmechanismus installiert

artilleristische Fortschritt überholte bald die Panzerung; für jede Panzerstärke, die nach der Reihe angewandt wurde, fand sich ein neues, schweres Geschütz, das sie mit Leichtigkeit durchschlug», schrieb Friedrich Engels in seinem «Anti-Dühring». In der Tat: Bald vermochten die zusammengenieteten Eisenplatten den verbesserten Geschützen nicht mehr zu widerstehen, und der Panzerplattenindustrie fiel es noch schwer, stärkere Platten durch Walzen herzustellen. Erst 1862 waren die John-Brown-Atlas-Werke in Großbritannien in der Lage, 115 mm dicke, 21 t

Rechte Seite Mitte
Preußischer Kolbenverschluß. Er bestand aus dem Verschlußkolben, dem Querzylinder und der seitlich herumschwenkbaren Verschlußtür. Der Kolben wurde von hinten in das Rohr hineingeschoben und von dem seitlich eingesteckten Querzylinder darin festgehalten. Eine Dichtung aus Hanfpappe (Preßspan) sollte das Herausschlagen der Pulvergase verhindern. Diese Dichtung (Liderung) war der schwächste Punkt der Konstruktion, denn sie mußte nach jedem Schuß ausgewechselt werden, und hat auch Ladehemmungen verursacht

Preußischer Doppelkeilverschluß. Er bestand aus 2 Keilen, die seitlich in ein prismatisches Querloch, das Keilloch, eingesetzt und durch eine Schraube gegeneinander so verschoben wurden, daß sie fest saßen. Die stählerne Liderung hielt mehreren Schüssen stand. Für größere Ladungen war aber auch dieses Verschlußsystem nicht geeignet

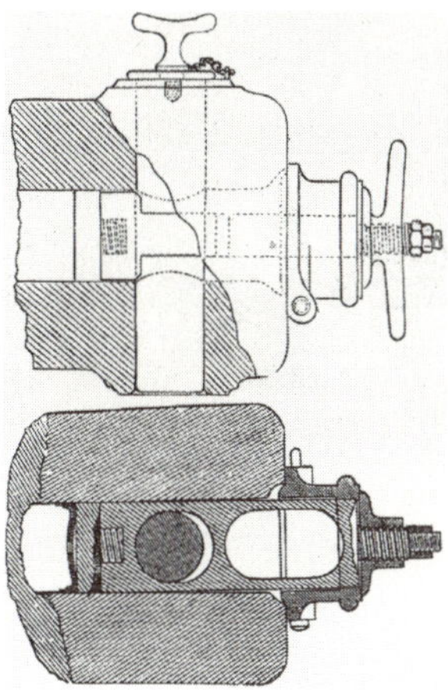

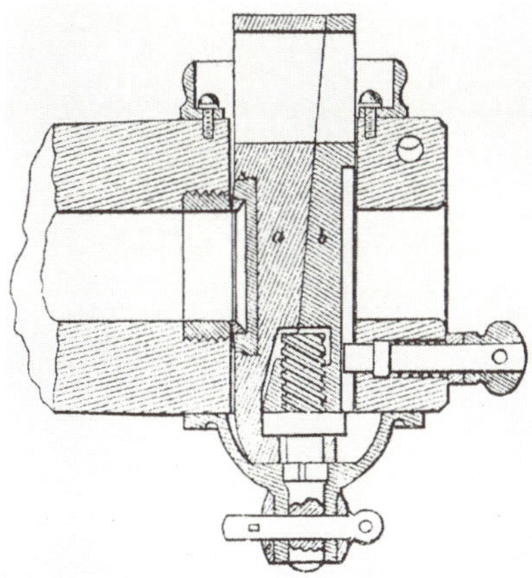

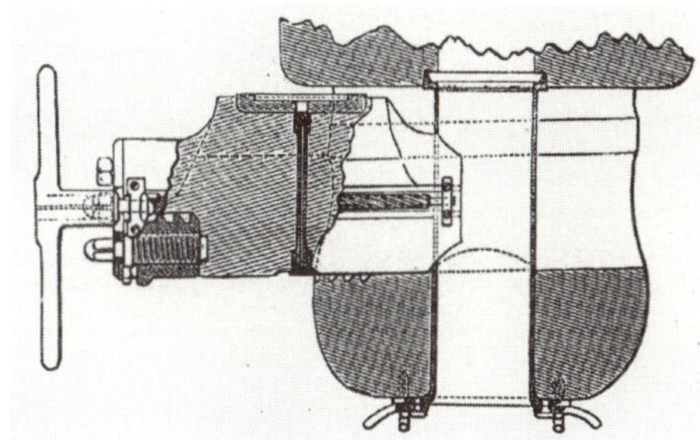

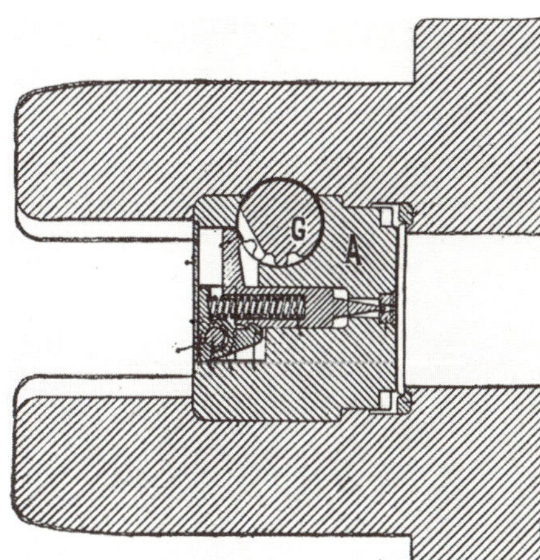

Rechts
Rundkeilverschluß von Krupp. Er bestand im wesentlichen aus einem massiven, keilförmigen Stahlblock, der durch eine Schraube fest in das entsprechend gestaltete Keilloch quer zur Seelenachse des Rohres eingedrückt wurde. Auch hier war für die Liderung als Material Stahl verwendet worden. Der Stahlblock hatte längs zur Seelenachse eine Bohrung, die den Zündlochstollen bildete, so daß eine Zentralzündung mittels Schlagbolzen und Zündschraube möglich war

Leitwellenverschluß für Schnelladekanonen von Krupp. Das Grundprinzip bestand darin, den Verschlußkeil mittels einer Leitwelle ein- und auszuführen. Besondere Merkmale waren der im Verschlußkeil untergebrachte Schlagbolzen sowie die Kralle vorn am Verschluß, die die Patronenhülse bzw. Kartusche nach dem Öffnen des Verschlusses auswarf

Matrosen üben Selbstjustiz an einem Kameraden. Man hat ihn über ein Geschütz gebunden und verprügelt ihn mit Tauenden. Obwohl die Art der «Selbsterziehung» von der Schiffsführung gebilligt, ja gefördert wurde, spielten sich solche Szenen weitab von den Offiziersunterkünften nachts auf dem Vorschiff ab. Um die Schreie des Geprügelten zu übertönen, sangen die Matrosen das Lied «Wir winden dir den Jungfernkranz». Natürlich wurde auch noch von seiten der Vorgesetzten geprügelt. Die Disziplinarstrafordnung für die Kaiserliche Marine legte u. a. als Bestrafung für Schiffsjungen im Jahre 1908 fest: «Körperliche Züchtigung bis zu 10 Hieben, im Beisein des Divisions-, bzw. Zugoffiziers, des Divisionsfeldwebels und der Korporalschaftsführer des Zuges, jedoch ohne weitere Zeugen.»

Der US-amerikanische Monitor «Miantonomoh» (4054 t) ist Schwesterschiff der «Monadnock», «Agamenticus» und «Tonawanda», die alle in den 60er Jahren nach dem Erfolg von Ericssons «Monitor» im Kampf gegen die «Virginia» während des Sezessionskrieges gebaut worden sind. Sie bildeten die erfolgreichste Serie von Monitoren der USA. Daß sie auch seefähig waren, bewies «Monadnock», indem sie 1865/66 Kap Hoorn umrundete und 1866/67 den Atlantik überquerte. Ursprünglich trugen diese Monitore 4 15-inch- (381-mm-) Glattrohrgeschütze von Dahlgren. 1890 erhielt die «Miantonomoh» für die beiden Doppeltürme jeweils 2 gezogene 10-inch- (254-mm-) Geschütze. Die Abbildung zeigt die Montage der ersten dieser 4 Kanonen. Es waren zugleich die ersten modernen Geschütze mit großem Kaliber, die in den USA produziert worden sind

Früher französischer Schraubenverschluß. Das Verschlußstück wurde von einer Schraube gebildet, die man axial einschraubte; und da das Gewinde sowohl auf dem Verschlußstück wie im Rohr über einen weiten Bereich seitlich fortgelassen worden war, konnte der Block mit einer Bewegung in das Rohr geschoben und durch eine Drehbewegung um 60° festgeschraubt werden

Für Kanonenboote sah man in den 80er Jahren des 19. Jahrhunderts ein schweres Geschütz in Oberdecksaufstellung für die zu lösenden Aufgaben als ausreichend an. In den Breitseiten standen nur wenige Geschütze kleinen bzw. mittleren Kalibers. Die Abbildung zeigt das seegehende russische Kanonenboot «Bobr» von 1250 t aus dem Jahre 1885 mit einem schweren Geschütz von 228 mm in sogenannter Jagdaufstellung. Die beiden Dampfmaschinen der «Bobr» übertrugen ihre Leistung von 846 kW auf 2 Schrauben, was eine Geschwindigkeit von 12 kn ermöglichte. «Bobr» sank Ende 1904 während der Belagerung von Port Arthur

schwere, 6,1 m lange und 1,2 m hohe Platten anzufertigen. 1870 entwickelte man dann den «Sandwich»-Panzer. Er bestand aus mehreren dünnen Eisenplatten mit schichtweise dazwischengelegtem Teakholz (säurefreie indische Eiche).

Da es in den USA nur gelang, 25,4 mm (1 Zoll) starke Platten herzustellen, wurden dort mehrere dieser Platten übereinander zu einer einzigen zusammengenietet. Es entstand u.a. die 203 mm (8 Zoll) starke Lamellenpanzerung, die den «Monitor» im Kampf gegen die «Virginia» so erfolgreich machte. Führendes Panzerplattenwerk in Frankreich war die Firma Schneider. In Rußland waren die Obuchow-Werke bekannt, in Italien Terni.

In Deutschland konnte die Firma Krupp ab 1864 Panzerplatten aus Stahl anfertigen, die allerdings noch sehr spröde waren. Die Dillinger Hüttenwerke lieferten bald wesentlich bessere stählerne Platten. Krupp experimentierte noch bis 1889, ehe er auch den Konkurrenten im eigenen Land mit höherer Qualität aus dem Feld schlagen konnte.

Die Abbildung zeigt eins der beiden in Barbetten an Oberdeck des britischen Zentralbatterie-Barbetteschiffs «Temeraire» aufgestellten 280-mm-Geschütze in Verschwindlafette vom Typ «Moncrieff», die ursprünglich für Küstenbefestigungen entwickelt worden sind. Geladen wurden diese Geschütze hinter der 254 bis 203 mm starken Barbettepanzerung. Der Rückstoß beim Schuß brachte die Kanone in die Ladeposition zurück. Der Vorteil dieser Lafettenkonstruktion bestand darin, daß Geschütz wie Bedienungspersonal durch die hohen (hier zu niedrig dargestellten) Barbettewände geschützt waren. Nachteilig waren die hohen Anschaffungskosten, die Masse und der große Raumbedarf. Die «Temeraire» war das erste britische Barbetteschiff und das größte als Brigg getakelte Kriegsschiff (8540 t). Seine Antriebsanlage – stehende Zweizylinder-Compoundmaschine – leistete 5661 kW. Damit erreichte das Schiff eine Geschwindigkeit von 14,65 kn. Außerdem verfügte es über 30 mit Dampf betriebene Hilfsmaschinen

Weitaus früher als Krupp lieferte die Witkowitzer Panzerplattenindustrie in der Habsburger Doppeldynastie der k. u. k. Marine relativ widerstandsfähiges Panzermaterial. Es wurde nach folgendem Verfahren hergestellt: Roheisen puddelte man zu möglichst großen Luppen, die dann «unter einem schweren Dampfhammer ohne Rücksicht des Verlustes, welcher durch das Ausscheiden der Schlacke und unreiner Theile durch dieses starke Quetschen entsteht», geschmiedet wurden. Danach schloß sich der Walzprozeß an, in dem Schienen entstanden, die zu einem bis zu 1225 kg schweren Paket zusammengefügt wurden. Jeweils zwei dieser Pakete kamen dann in den Schweißofen, wo man sie gleichmäßig erhitzte und anschließend zu einer einzigen Platte ausschmiedete. So entstanden in Österreich-Ungarn Plattenstärken bis zu etwa 158 mm (6 Zoll).

Doch die britische Panzerplattenproduktion in Sheffield hielt qualitativ international immer noch die Spitze, auch gegenüber Granaten aus gezogenen Geschützen. Als 1877 die Grenze des zuverlässigen Walzens erreicht war, schweißten britische Arbeiter Stahlplatten auf Walzeisen und erhielten den soge-

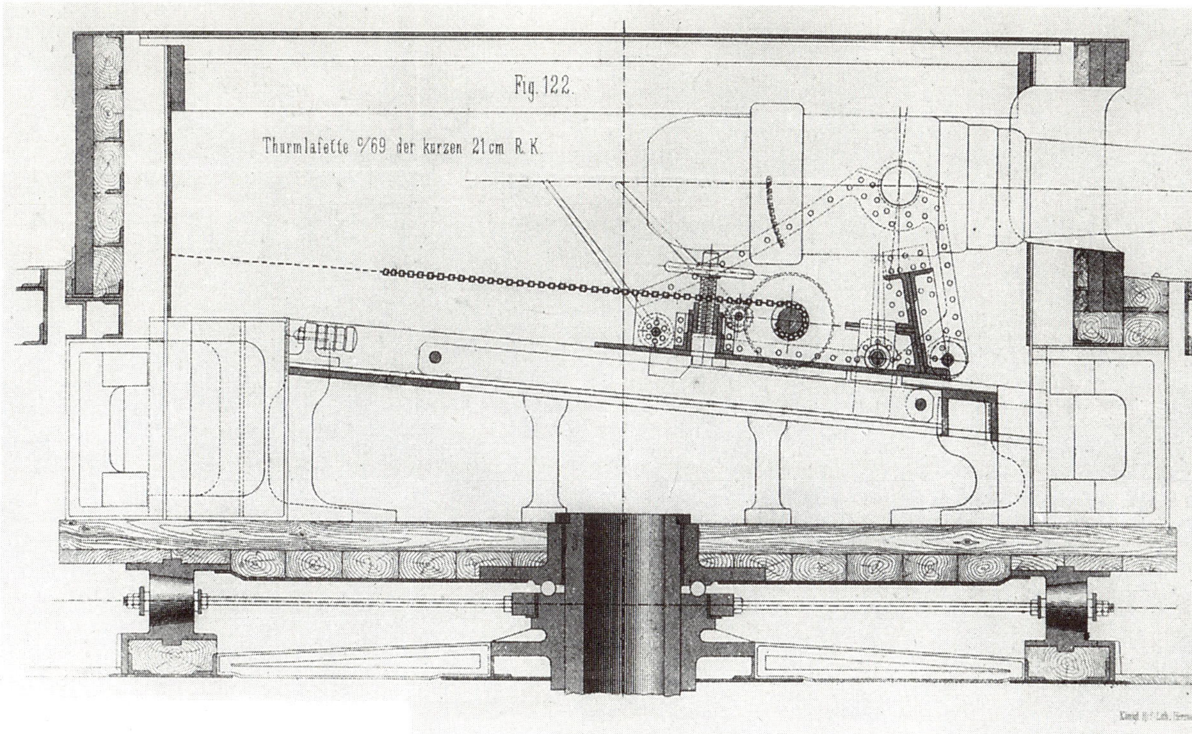

Schematische Darstellung eines Geschützturmes des Panzerfahrzeugs «Arminius» (Stapellauf 1864, Verdrängung 1829 t). Die beiden Rohre vom Kaliber 210 mm ruhten in der für paarweise Aufstellung konstruierten Rahmenlafette. Die Oberlafette wurde über ein Paar vordere und hintere Räder bewegt. Aufgrund der nach vorn geneigten Lage entfielen Vorrichtungen zum Ausrennen. Zum Einrennen diente eine Kettenwinde. Der Rücklauf wurde durch 2 Puffer begrenzt. Höhenrichtung erhielten die Geschütze durch Richtschrauben mit Kurbelkranz. Die den Rahmen bildenden, nach hinten um 5° ansteigenden 2 T-förmigen Laufschwellen waren fest mit dem Turm verbunden (System Cole). Die Rücklaufbremse bestand aus 1 Kompresse mit Stellschraube

nannten Compoundpanzer, der auf eine Stärke von 457 mm getrieben wurde. 1880 erwarben die Dillinger Hüttenwerke das Patent und brachten es erstmals für die Panzerung von Kanonenbooten und chinesischen Panzerschiffen in Anwendung.

Inzwischen hatte Krupp in seiner Technologie aufgeholt und verwendete ab 1889 als Panzermaterial rißfreien Nickelstahl. Der Amerikaner Harvey zog 1891 mit dem einseitig gehärteten Stahlpanzer (Halbpanzer) nach. Krupp antwortete darauf 1895 mit dem einseitig gehärteten Nickelstahlpanzer. Damit stieß er seine Rivalen endgültig von ihrem Thron.

Gezogene Geschütze

«Jedes gezogene Geschütz, das diesen Namen verdient, verbürgt eine solche Genauigkeit bei großen Schußweiten, daß die frühere Unzulänglichkeit des Schießens auf See auf solche Schußweiten wahrscheinlich bald der Vergangenheit angehören wird», urteilte Friedrich Engels in seinem Artikel «Flotte». Als geeignetste Geschützkonstruktion für ein genaues Schießen auf weite Entfernungen empfahl sich der Hinterlader. Bereits 1858 hatte Krupp der preußischen Marine ein Hinterladergeschütz angeboten, war damit aber

Kruppsche 150-mm-Schnellfeuerkanone in Oberdecksaufstellung. 150 mm waren noch 1895 die Obergrenze für Mantelpatronen (Einheitsmunition). Die Kartuschen wurden in einem als Ziehen bezeichneten Verfahren hergestellt. Boden und Mantelflächen entstanden nahtlos aus einem Stück. Am Boden der Mantelpatrone war ein Zündhütchen eingesetzt, das durch den Schlagbolzen die Zündung auf die Pulverladung in der Hülse übertrug. Mit diesen 150-mm-Kanonen konnten 4 bis 5 Schuß je Minute abgegeben werden. Dadurch sollten die 3 bis 4 Minuten dauernden Ladepausen bei den schweren Geschützen ausgeglichen werden. Die Wirkungsmöglichkeiten dieser Geschütze steigerten sich noch, als 1887 Sprenggranaten, d.h. Hochexplosivgeschosse, in Patronenform gebracht wurden. Damit konnten große Schäden an ungeschützten Schiffsteilen angerichtet werden. Das führte dazu, daß diese Mittelartillerie bis zur Jahrhundertwende überschätzt wurde

wegen der Unvollkommenheit und damit der Unsicherheit der Konstruktion nicht auf Gegenliebe gestoßen. Dagegen fanden Armstrongs frühe Hinterlader von 2 Zoll (51 mm) im Jahre 1854 und erst recht die 7zölligen (178 mm) von 1859 sofort Eingang in die Bewaffnung der britischen Flotte. Ein voluminöses Verschlußstück bildete den hinteren Abschluß der Geschütze. Und das war der schwächste Punkt. Schon Wahrendorff war vor allem an der Verschlußfrage – im weiteren Sinn an den technischen Möglichkeiten seiner Zeit – gescheitert. Auch für Armstrong bildete dieses Problem die Schwelle, die er damals nicht zu überschreiten vermochte. Bei einer Schießübung mit einem 20pfunder riß das Rohr von der Mündung bis zu den Schildzapfen ab, und bei der Beschießung von Kagoshima 1863 gab es gar bei 365 Salven der 21 Armstrong-Hinterlader 128, zum Teil tödliche Unfälle.

So mehrten sich in Großbritannien die Stimmen, die eine Rückkehr zum «altbewährten, sicheren Vorderlader» forderten. Die Admiralität entsprach diesem Druck «von außen» und kehrte 1864 zum Vorderlader zurück. Nachdem sich hier 1865 das gezogene Geschütz endgültig durchgesetzt hatte, erwarben mehrere Firmen zugleich Patente auf gezogene Vorderladergeschütze, die sich neben Details im Aufbau durch die Art der Züge unterschieden, wobei die Führungswarzen an den Geschossen beibehalten wurden.

Die Withworth-Geschütze hatten allerdings keine eigentlichen Züge – ihre Seele bildete ein regelmäßiges Sechseck bei einem Drall von 2 Umdrehungen über die Länge des Rohres. Die dafür vorgesehenen Langgeschosse aus Gußstahl waren in ihrer Form diesem Profil angepaßt und mindestens 3 Kaliber lang. Andere Firmen wählten einen elliptischen oder polygonalen Querschnitt, der sich über die Länge des Rohres drehte. Doch bei allen Konstruktionen wirkte immer noch ein alter Nachteil der Vorderlader. Um

Die Gedeckte Korvette «Prinz Adalbert», ex «Sedan», während ihrer Weltreise, die sie am 14. 10. 1878 von Kiel aus begonnen hat. Wie das Schwesterschiff «Leipzig» wurde «Prinz Adalbert» 1884 zur Kreuzerfregatte umklassifiziert. Sie war eines der ersten großen Schiffe jener Zeit, die mit Torpedorohren – man nannte sie Torpedo-Kanon – ausgerüstet wurden. «Prinz Adalbert» war bis 1890 im Dienst, wurde bis 1905 als Wohnhulk benutzt und 1907 abgewrackt. Als «Sedan» 1876 in Stettin vom Stapel gelaufen, verdrängte das 1878 in «Prinz Adalbert» umbenannte Schiff 4626 t. «Prinz Adalbert» galt als mittelmäßiger Segler, dessen Bugspriet eingefahren werden konnte. Bei vollen Bunkern soll sie gestampft und geschlingert haben. Ihre Manövrierfähigkeit wurde als sehr gut eingeschätzt

Das Gemälde von Willy Stöwer zeigt die Schraubenfregatte bzw. Gedeckte Korvette «Vineta» (2504 t) mit besonders hervorgehobenen Eckpunkten ihrer wechselvollen Geschichte. Schwesterschiffe der «Vineta» waren «Arcona», «Gazelle», «Hertha» und «Elisabeth». Sie ließen sich vor allem als Segler bei geheißter Schraube gut manövrieren und steuern. Charakteristisch war für sie das Spiegelheck. «Vineta» wurde 1897 abgewrackt

Bildnerische Darstellung der Gedeckten Korvette «Arcona». Am Rand wichtige Stationen während der Dienstzeit des Schiffes. Die «Arcona» galt als mittelmäßiges Seeschiff, das stark stampfte und schlingerte. Unter Segel ließ sie sich besser steuern als mit Maschinenantrieb

Die Kreuzerfregatte «Moltke» (2294 t) ist von 1878 bis 1884 als Gedeckte Korvette bzw. Schiff III. Ranges klassifiziert worden. Ab 1891 fuhr sie als Schulschiff. 1910 wurde sie aus der Kriegsschiffsliste gestrichen und lag bis Ende 1918 als Hulk für U-Boot-Besatzungen unter dem Namen «Acheron» in Kiel. 1920 wurde das Schiff abgewrackt. Im Jahre 1882 hatte «Moltke» für die «Deutsche Polar-Kommission» den Transport einer deutschen Expedition in das Südpolargebiet (Südgeorgien) übernommen. «Moltke» soll ein gutes Seeschiff gewesen sein, aber Probleme beim Manövrieren gehabt haben

Die «Wolf» (570 t) ist 1878 in Wilhelmshaven als Kanonenboot I. Klasse vom Stapel gelaufen, wurde aber ab 1884 wie ihre Schwesterschiffe «Hyäne» und «Iltis» nur noch als Kanonenboot klassifiziert. «Wolf» war mit einem Teil der Maschinenanlage des außer Dienst gestellten Kanonenboots «Blitz» ausgerüstet. Das Schiff ist gebaut worden, um in Südostasien die deutsche Kanonenbootpolitik besonders gegenüber China zu verfolgen. Ab 1897 war das Kanonenboot vor Kamerun und Deutsch-Südwestafrika zur Niederhaltung der Eingeborenen sowie zu Vermessungsarbeiten eingesetzt. Während des ersten Weltkrieges diente die «Wolf» in Danzig als Reparaturschiff und wurde 1919 abgewrackt

Der Bau der späteren Panzerfregatte «König Wilhelm» ist ursprünglich für die Türkei («Turkestan» bzw. «Fatikh») in Angriff genommen worden. Noch während der Kaufverhandlungen mit Großbritannien hatte die preußische Regierung dem unfertigen Schiff den Namen «Wilhelm I.» zugedacht, der dann im Dezember 1867 in «König Wilhelm» umgeändert wurde. Unter diesem Namen lief das Schiff am 25.4.1868 vom Stapel. Nach der Fertigstellung (ohne Bewaffnung) und Überführung nach Kiel wurde das 10 761 t verdrängende Schiff dort als Wunderwerk der Technik gepriesen. Die Ausrüstung mit modernen gezogenen Geschützen von Krupp machte es zum kampfstärksten Schiff der preußischen Flotte

Das Küstenpanzerschiff (ab 1899) bzw. Panzerschiff IV. Klasse «Beowulf» (3741 t) ist am 8.11.1890 in Bremen als reines Panzerschiff ohne Besegelung vom Stapel gelaufen und am 1.4.1892 in Dienst gestellt worden. Im Jahre 1900 wurde «Beowulf» modernisiert und verlängert. Während des ersten Weltkrieges nahm das Schiff an Operationen in der Ostsee teil und versah Vorpostendienst in der Nordsee. Im März 1916 diente es nur noch als U-Boot-Zielschiff. 1921 wurde es abgewrackt. Als Küstenpanzerschiff des Typs «Siegfried» wurde «Beowulf» wegen der glockenartig gewölbten Außenhaut und der runden Turmkuppeln scherzhaft «Meerweibchen» bzw. «Meerschweinchen» genannt

Der britische Torpedokreuzer «Archer» (Stapellauf 1885) hatte noch eine, wenn auch bereits stark vereinfachte Segeltakelage (Schuner). Auf seine von der Konstruktion her vorgesehene Verwendung als Segler verweist noch die Gestaltung des Vorschiffs. «Archer» war das Typschiff einer 8 Schiffe umfassenden Serie. Diese Torpedokreuzer sollten selbst Torpedos einsetzen, aber auch gegnerische Torpedoboote bekämpfen – sie waren damit eine frühe Vorstufe des Zerstörers. Die Kreuzer des Typs «Archer» waren die letzten britischen Kreuzer mit Beseglung und die letzten ihrer Art mit liegenden Dampfmaschinen

Zu den ersten britischen Kreuzern in Stahlbauweise und ohne Segeltakelage gehörten die «Mersey» und ihre 3 Schwesterschiffe. Die Schiffe dieses Typs hatten ein über die ganze Schiffslänge reichendes Panzerdeck (bis zu 76 mm Stärke) und einen Rammbug. Da sie vor allem für den Handelsschutz vorgesehen waren, war ihr Kohlenvorrat auf 900 t erhöht worden. Das reichte aus, um bei 10 kn Marschfahrt eine Fahrstrecke von knapp 9000 sm zurückzulegen. Die «Mersey» lief Mitte 1883 vom Stapel. Außer den an Oberdeck stehenden 2 gezogenen 203-mm-Hinterladergeschützen trug sie 10 152-mm-Geschütze im Batteriedeck sowie 6 leichtere Rohre und 6 Torpedoabgangsrohre

Das britische Torpedo-Rammschiff «Polyphemus» war zu seiner Zeit (entwickelt ab 1872, Stapellauf 1881) ein ungewöhnliches Schiff. Seine Aufgabe wurde darin gesehen, gegnerische Schiffe mit Torpedoschuß und Rammstoß anzugreifen. Zu diesem Zweck war es weitgehend beschußsicher gebaut, relativ stark gepanzert und mit 5 unter Wasser angeordneten Torpedoabgangsrohren als Hauptbewaffnung versehen. Es wurde ein ungewöhnlich großer Vorrat von 18 Torpedos mitgeführt. Das 74 m lange Doppelschraubenschiff hatte 2 Compounddampfmaschinen von etwa 5150 kW Gesamtleistung, die ihm die damals sensationelle Geschwindigkeit von 18 kn ermöglichten

Die «Orlando» und ihre 6 Schwesterschiffe des Typs «Aurora» galten Ende der 80er Jahre als erste echte Panzerkreuzer der britischen Marine. Von der Konstruktion her waren sie eine gepanzerte Weiterentwicklung des Typs «Mersey». Gleich diesem wurde ihre Hauptaufgabe im Handelsschutz gesehen. Der Kohlenvorrat von 900 t reichte bei der 5600 t großen «Orlando» für 8000 sm, wenn die Marschfahrt die Geschwindigkeit von 10 kn nicht überschritt und gutes Wetter vorherrschte. Zusätzlich zum Panzerdeck war eine Seitenpanzerung aus 254 mm starken Compoundplatten eingebaut, eine Bauweise, die bei späteren britischen Kreuzern nicht fortgesetzt wurde

Im Vergleich zu vielen gleichaltrigen Schiffen seiner Klasse – beispielsweise zur britischen «Orlando» – wirkte der gepanzerte USA-Kreuzer «Chicago» bereits bei seiner Indienststellung 1889 völlig veraltet. Auch bei ihm war die komplette Barktakelage samt Vorgeschirr unsinnig geworden, denn das 104 m lange Schiff hatte einen Zweiwellenantrieb mit einer Gesamtleistung von 3700 kW und einen Kohlenvorrat von 832 t, der problemlos weite Fahrten ermöglichte. Ein eventueller Grund für die Beibehaltung der Beseglung könnte die Unzuverlässigkeit der Kessel und Maschinen gewesen sein. Die Bewaffnung bestand aus 4 203-mm- sowie 14 152- und 127-mm-Geschützen, die ausschließlich entlang den Bordseiten und größtenteils in der taktisch und technisch überholten Kasemattaufstellung angeordnet waren. Erst beim Umbau zur Jahrhundertwende, als die Maschinenleistung annähernd verdoppelt wurde, entfernte man die hinderliche Segeltakelage. Das Schiff war dann noch mit verringerter Bestückung bis 1935 als Wach- und Begleitschiff im Einsatz und sank 1936 auf der Überführungsfahrt zur Abwrackwerft. F. S. Cozzens hat hier die «Chicago» um 1890 in Begleitung der fast gleichaltrigen, aber noch antiquierter wirkenden Kreuzer «Atlanta» (links) und «Boston» (rechts) dargestellt

diese Geschütze durch die Mündung problemlos laden zu können, mußte der Durchmesser der Geschosse gegenüber der Seele kleiner gehalten werden. So entwich beim Schuß ein Teil der Pulvergase, ohne für die Vortriebskraft des Projektils wirksam geworden zu sein, wodurch Reichweite und Durchschlagskraft beeinträchtigt wurden. Auch ein gewisses Pendeln dieser sogenannten Spielraumgeschosse im Rohr war nicht zu vermeiden, was sich, abgesehen von der höheren Beanspruchung des Rohrmaterials, auf die Treffsicherheit auswirkte. Trotzdem wurde in Großbritannien bis zu Anfang der 80er Jahre am gezogenen Vorderlader festgehalten. Allerdings hatte man bis dahin die Basis der Geschosse mit einem kupfernen Führungsring versehen, der sich bei der Explosion der Ladung ausdehnte und in die Führungsnuten preßte, wodurch das Entweichen der Pulvergase verhindert wurde.

Auch in Preußen vollzog sich die Abkehr vom Vorderlader und die Hinwendung zum Hinterlader nicht ohne Wenn und Aber, zumal es am Anfang der Entwicklung große Rückschläge gab. Die frühen 6-, 8- und 9zölligen (157, 209 bzw. 235 mm) Hinterlader von Krupp (1861/62) waren über Jahre den britischen Vorderladern wegen der zu geringen Ladung und vor allem hinsichtlich der Anfangsgeschwindigkeit der Geschosse und damit auch der Durchschlagskraft unterlegen.

In Frankreich hat man übrigens Schiffe mit Hinterladern bestückt, als Großbritannien wieder zum Vorderlader überging. Diese Kanonen waren auf der Basis eines amerikanischen Patents von 1853 entwickelt worden und hatten sogar einen ganz brauchbaren, axial einschraubbaren Verschluß, der sich schnell öffnen und wieder einschrauben ließ.

Inzwischen erkannte man auch in anderen Staaten die Vorteile des Hinterladersystems. Bis 1863 waren in Österreich wie in Rußland die französischen gezogenen Vorderlader von La Hitte bevorzugt worden. Nach dem Übergang zum Hinterlader erhielten die Geschosse Pressionsführung, d.h., das Geschoß war von einem Mantel aus Blei umgeben, das sich beim Schuß in die Züge preßte. Später verwendete man statt dessen kupferne Führungsringe, die sich ebenfalls in die Züge einschnitten.

Geblieben waren aber die großen Probleme mit dem Verschlußsystem. Den Verschluß gegen den Explosivdruck großer Pulverladungen an seinem Platz zu halten und das Entweichen der Pulvergase zu verhindern bedeutete für die Technik jener Zeit noch unüberwindliche Schwierigkeiten.

Aber auch die britischen Geschützkonstrukteure hatten nicht geringe Probleme mit ihren gezogenen Vorderladern, denn um bei der ständig verbesserten Panzerung der Schiffe Wirkung erzielen zu können, brauchte es schon eine tüchtige Portion Pulver (bei großkalibrigen Geschützen 40 bis 50 kg). Doch das hielten die aus einem Stück gegossenen Rohre nicht aus. So ersann man neue Geschützkonstruktionen. Die Stahlrohre von Parson bildeten schon einen gewissen Fortschritt. Doch bald hatte die technische Entwicklung einen Stand erreicht, der die Herstellung sogenannter künstlicher Metallkonstruktionen bei Geschützrohren erlaubte. Sie sollten die ungleiche Belastung der äußeren und inneren Metallagen des Rohres beim Schießen weitestgehend ausgleichen. Rohre wurden deshalb nicht mehr wie bisher in einem Stück gegossen, sondern als Ring-, Mantel- oder später als Mantelringrohre hergestellt. In Großbritannien wetteiferten u.a. Armstrong, Withworth, Fraser (Woolwich), Blackely, Lancaster, Parson und Palliser um die gelungenste Konstruktion. Armstrong ließ auf das stählerne, gehärtete und gebohrte Kernrohr eine bestimmte Anzahl schmiedeeiserner Reifen (Ringe), die wiederum aus feuerverschweißten Drahtwicklungen gefertigt worden waren, aufschrauben, später auch aufschrumpfen, d.h. in glühendem bzw. heißem Zustand auf das gekühlte Rohr aufziehen. Beim Erkalten zog sich das Metall zusammen und preßte sich fest auf das Rohr.

In Konkurrenz dazu schrumpfte Fraser in der königlichen Geschützfabrik Woolwich dem Kernrohr, das eine «harte und klare Bohrung» erhalten hatte, massive schmiedeeiserne Blöcke auf. Das brachte gegenüber Armstrong eine Kostenersparnis von etwa 40 Prozent. Die französischen Geschütze – sie waren aus Eisen gegossen und trugen aufgeschrumpfte Reifen aus Puddelstahl – standen in Material und Herstellungsmethode dagegen immer noch weit zurück.

Krupp hatte bereits in den 50er Jahren reiche Erfahrungen mit sehr haltbarem Tiegelgußstahl sammeln können, die er bei der Herstellung von schweren Schiffs- und Küstengeschützen anwandte. Oberst Scheuerlein vom preußischen Artilleriedezernat beschrieb die Herstellung von solchen Geschützen folgendermaßen: «Durch Verschmelzung von Puddelstahl in Tiegeln, welcher aus reinstem Holzkohleneisen gewonnen ist, wird zur Herstellung eines Geschützrohres ein cylindrischer Block von ungefähr dreifachem Gewicht des fertigen Rohres gegossen, dann wird der Block unter dem kolossalen Hammerwerk durchgearbeitet und in der rohen Form des Geschützrohres mit Zapfen vorgeschmiedet, sodann ausgeglüht und langsam abgekühlt.» Anschließend wurden die Rohlinge auf ihre endgültige Form abgedreht und gebohrt. Bezogen wurden Krupps stählerne Kanonen zuerst von Rußland, als Anfang der 60er Jahre die Festung Kronstadt mit modernen Geschützen ausgestattet werden sollte und der Zar eine ganze Serie Kruppscher 203-mm-Kanonen ankaufte.

Das Verfahren zur Herstellung homogener, stählerner Geschütze war übrigens u.a. auch von Withworth aufgegriffen worden, bis Armstrong seine ersten Ringkanonen anbot. Krupp reagierte dann wie Withworth sehr schnell und ging 1866 zu künstlichen Metallkonstruktionen aus qualitätvollem Tiegelgußstahl über. Seine Geschütze (1867 der erste 240-mm-Ringrohrhinterlader) bestanden nun im wesentlichen aus einem stählernen Kernrohr, das von 1 bis 3 Ringlagen aus massivem Stahl umgeben war. Bei der Wahl des günstigsten Ringdurchmessers im Verhältnis zum äußeren Rohrdurchmesser stützte sich Krupp vor allem auf Berechnungen des russischen Artillerieexperten Generalmajor Gadolin aus dem Jahre 1861. So erhielt er die besten Werte bei der Pressung des Ringes auf das in Leinöl gehärtete Rohr nach dem Aufschrumpfen. Allerdings war sein Verfahren doppelt so teuer wie das ohnehin schon nicht billige Armstrongs. Immerhin verlangte er für ein 149-mm-Geschütz 19200 M; ein 235-mm-Geschütz kostete 52500 M und ein 280-mm-Geschütz sogar 111000 M.

In der Durchschlagskraft standen Krupps Geschütze denen seines britischen Rivalen allerdings immer noch nach, weil vor allem die Anfangsgeschwindigkeit der Geschosse nicht ausreichend war – eine Frage der Pulvermenge und -sorte, aber letztlich des Verschlusses. Dabei hatte er in seiner Fabrik bereits technische Möglichkeiten geschaffen, um bis zu 85 t schwere Stahlblöcke gießen und bearbeiten zu können. Erst die Verwendung des in Rußland und in den USA bereits im Schuß erprobten, langsamer verbrennenden prismatischen Pulvers unter Beibehaltung des bewährten Tiegelgußstahls bei der Rohrkonstruktion brachte Krupp 1868 einen solch spürbaren Ruck nach vorn, daß er Armstrong und Woolwich auf Platz 2 verweisen konnte.

In den USA blieb man indessen vorläufig beim Vollguß von Geschützrohren. Um 1870 setzte sich auch hier die künstliche Rohrkonstruktion durch.

In Frankreich wurden 1870 in die gegossenen und mit Puddelstahl ummantelten Eisenrohre vom Verschluß bis zu den Schildzapfen erstmals Stahlrohre eingezogen, und ab 1875 erhielten alle Schiffe stählerne Kanonen.

In Österreich-Ungarn suchte man nach Lösungen, um die teure Gußstahltechnologie zu umgehen. Ab Mitte der 60er Jahre kam hier deshalb das sogenannte Uchatiussche Verfahren bei der Kanonenproduktion zur Anwendung. Das Grundmaterial hierbei bildeten 92 Prozent Kupfer und 8 Prozent Zinn. Um einen Kern aus geschmiedetem Kupfer gegossen, enstand das bronzene Rohr, das dann auf einen gewissen Durchmesser ausgebohrt und danach durch Eintreiben entsprechender Stahlzylinder mit zunehmendem Durchmesser bis auf die gewünschte Weite aufgetrieben wurde. Dieses Verfahren verlieh der Bronze, die jetzt Hart- oder Stahlbronze hieß, eine höhere Festigkeit. (In Rußland entwickelte etwa zur gleichen Zeit Oberst Lawrow ein Walzverfahren zur Herstellung von Hartbronzerohren für Schiffsgeschütze.) Gegen Ende der 60er Jahre zog die k. u. k. Flotte jedoch für ihre schweren Panzerschiffe bis zu 305-mm-Gußstahl-

Laden eines schweren preußischen Hinterlader-Turmgeschützes. Deutlich sind am Geschoß die Führungsringe zu erkennen. Der Zünder wurde durch eine Abdeckplatte geschützt. Die Geschosse dieses Kalibers waren so schwer, daß unter dem Deck Schienen angebracht werden mußten, auf denen Rollen mit Haken liefen. An diesen Haken hingen Geschoßtragen, in die die Granaten hineingelegt wurden. Über Flaschen- oder andere Aufzüge gelangten die Tragen mit Geschoß nach oben in den Geschützturm. Höhenrichtung erhielt das hier abgebildete Geschütz durch primitive Zahnstangen (Kurbel)

Die Geschützbedienung eines deutschen Turmschiffs unmittelbar vor dem Abfeuern der Kanone, die auf einer schmiedeeisernen Rahmenlafette mit Lamellenbremse ruhte. Wie zu erkennen ist, wurde auch bei diesem großkalibrigen Geschütz noch über Kimme und Korn gezielt

ringkanonen von Krupp vor, weil die sich als haltbarer und wirksamer erwiesen hatten.

Auch Rußland bevorzugte im wesentlichen immer noch das Kruppsche Geschützsystem. Die z.T. im eigenen Land hergestellten Gußstahlringkanonen erhielten aber Anfang der 70er Jahre meist den besser funktionierenden französischen Schraubenspindelverschluß.

Die Verschlüsse

Das Verschlußproblem war seit der Einführung der Hinterlader permanent. Allein die preußische Marine

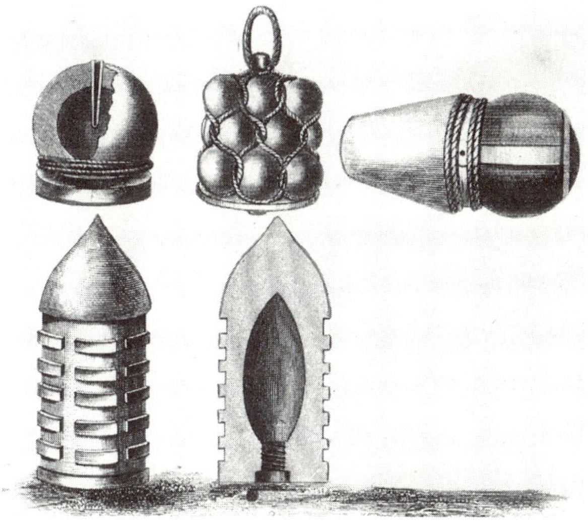

Verschiedene Geschoßarten. V.l.n.r.: Bombe mit primitivem Zeitzünder; Traubenkartätsche zur Bekämpfung von Besatzungen an Deck; Bombe mit daran festgebundener Treibladung für Bootsgeschütze; Granate mit metallenen Führungsblechen für einen 96pfünder; Schnitt durch eine 96-Pfünder-Granate. Der Hohlraum nahm die Sprengladung auf, darunter der einschraubbare Zünder

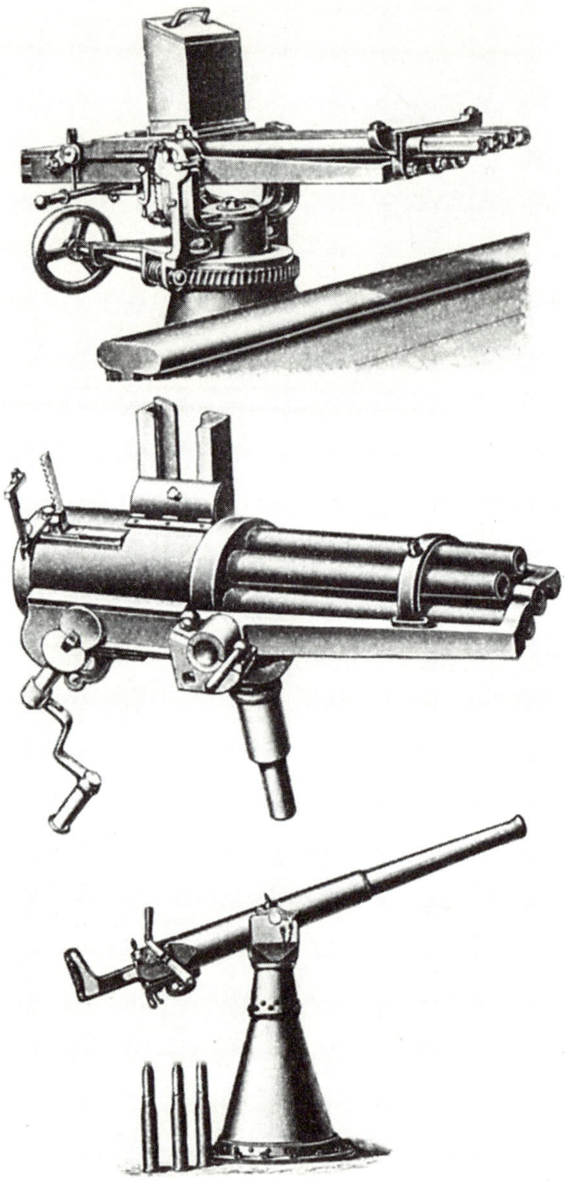

Verschiedene frühe Schnellfeuerwaffen. Oben: vierläufige Mitrailleuse von Nordenfelt, die an Bord relativ selten verwendet wurden; darunter: 37-mm-Revolverkanone von Hotchkiß, die die gebräuchlichste kleinkalibrige Schnellfeuerwaffe auf französischen und deutschen Kriegsschiffen war; unten: 45-mm-Schnellfeuerkanone mit Patronen

10rohrige 8-mm-Gatling-Revolverkanone im Gefechtsmars eines Kriegsschiffs. Während sich die Rohre gemeinsam um eine Achse drehten, traten Ladungs-, Abfeuerungs- und Hülsenauswurfmechanismus in Tätigkeit. Mit dieser Waffe konnten 1200 Schuß je Minute abgegeben werden

erprobte in den 60er Jahren drei verschiedene Verschlußarten, zuerst den um 1860 von Wahrendorff übernommenen Kolbenverschluß. Eine Verbesserung bildete der von Kreiner 1861 entwickelte Doppelkeilverschluß. Die einfachste und sicherste Methode fand Krupp 1867 mit seinem Rundkeilverschluß. Eine gewisse Variante des Rundkeilverschlusses bildete der Flachkeilverschluß für Rohre mit kleinem Ladungsquotienten.

In Frankreich bediente man sich des schon erwähnten Schraubenspindelverschlusses, entwickelt und weiter ausgebildet von Firmen wie Schneider, Canet, Saint-Chamond und Cail. Diese Verschlußart hat weite Verbreitung gefunden. Auch die Briten bedienten sich ihrer, nachdem sie um 1880 zum Hinterladersystem zurückgekehrt waren.

Mit der Einführung der leichten Schnellladege-

Deutsche 105-mm-Schnellfeuerkanone in Schiffslafette mit Panzerschutz gegen leichte Waffen, der jede Drehbewegung des Geschützes mitmachte. Für dieses Kaliber konnte schon Einheitsmunition – Kartusche/Hülse mit Ladung und Geschoß – hergestellt werden. Abgefeuert wurde die Kanone über den Fallblockverschluß (rechts unten geöffnet), der um die Jahrhundertwende entwickelt wurde

schütze in den 80er Jahren kam noch eine neue Variante hinzu: der Leitwellenverschluß. Doch bis dahin hatte die Geschützentwicklung bereits weitere Etappen durchlaufen.

Monstergeschütze

Bis zu Anfang der 70er Jahre war das Panzermaterial für die Schiffe unablässig verstärkt und verbessert worden, und zwar in Dimensionen, die die Geschützindustrie in Zugzwang brachten. Die bis dahin schwersten Geschütze von etwa 270 mm vermochten gegenüber Panzerstärken von 600 mm bei herkömmlicher Pulverladung kaum noch Wirkung zu zeigen.

Lange 150-mm-Ringkanone von 3,84 m Rohrlänge in für die deutsche Marine typischer Oberdecks-Mittelpivot-Aufstellung

Den Ausweg sah man – abgesehen von der Geschoßentwicklung – erst einmal in einer kräftigen Kalibersteigerung, durch die die Geschoßmasse und damit die panzerbrechende Energie des Geschosses erhöht werden konnten – zumindest in gewissem Maße, wie sich zeigen sollte. Besonders Physik und Mathematik waren den Geschützkonstrukteuren bei ihren Bemühungen, wahre Monstergeschütze auf die Schiffe zu bringen, sehr dienlich. So war es möglich, bereits 1870 Geschütze mit einem Kaliber von 320 mm herzustellen. Doch das war erst der Anfang. 1875 fertigte die Firma Armstrong für die italienischen Turmschiffe «Duilio» und «Dandalo» insgesamt 8 geschmiedete Gußstahlgeschütze (Vorderlader) mit dem außergewöhnlichen Kaliber von 450 mm. Jedes einzelne Rohr wog 103 t, die Geschosse hatten eine Masse von 1000 kg und vermochten einen Panzer von 606 mm Stärke zu durchschlagen. Allerdings war die Feuergeschwindigkeit dieser Riesengeschütze gering: 4 Schuß je Stunde! Trotzdem war man in Italien stolz darauf, die schwersten jemals gebauten Schiffsgeschütze an Bord gebracht zu haben. Der Dämpfer kam erst, als bekannt wurde, daß Armstrong bereits 406-mm-Kanonen herzustellen vermochte, mit denen die gleiche Wirkung bei relativ großer Feuergeschwindigkeit – alle 2 Minuten 1 Schuß – erzielt werden konnte.

Während es Krupp beim 305-mm-Schiffsgeschütz beließ, steigerte man in Frankreich das Kaliber bis auf 420 mm (System Bange). Im allgemeinen vorherrschend war aber auch hier das 370-mm-Kaliber – bei 48 t Rohrmasse immer noch ein wahres Monstergeschütz.

Bald zeigte sich, daß diese überschweren Kanonen bei den notwendigen gewaltigen Pulvermengen – mehrere Kartuschbeutel auf einmal – nur wenige Schuß aushalten konnten. Dann waren sie ausgebrannt. Andere zersprangen, wie die 38-t-Kanone auf dem britischen Turmschiff «Thunderer» am 2. Februar 1879 bei einem falschen Ladevorgang, was übrigens die britische Admiralität u. a. bewog, endlich vom Vorderlader- zum Hinterladerprinzip zurückzukehren. Ab etwa 1880 baute Krupp seine Mantelringrohre, die eine qualitative Verbesserung im Hinblick auf die Haltbarkeit der Rohre darstellten. Über das stählerne Kernrohr wurde ein Stahlmantel gezogen, der dann noch mehrere Lagen Stahlringe erhielt. Im Gegensatz dazu verwendete man in Großbritannien und in den USA statt der massiven Stahlringe weiterhin Ringe aus zusammengeschweißtem Stahldraht von quadratischem Querschnitt.

Lafetten

Die Größensteigerung bei den Geschützrohren zog natürlich auch neue Lafettensysteme nach sich. Bislang war der Rücklauf nur durch Reibung zwischen Schlitten und Achsen bzw. zwischen Schlitten und Deck gebremst worden. Bei den neuen, wesentlich größer dimensionierten Kanonen mit ihrer gewaltigen

Rücklaufenergie verboten sich die vierrädrigen hölzernen Lafetten der Segelschiffszeit von selbst. Statt Holzkonstruktionen verwendete man nun eiserne. Die Lafetten bestanden im wesentlichen aus den Wänden als Schildzapfenträger, die unten miteinander durch einen Schlitten verbunden waren. Dieser Schlitten ließ sich auf einem eisernen Rahmen vorwärts und rückwärts bewegen. Man nannte diese Konstruktion Rahmenlafette. Bis zu den 80er bzw. 90er Jahren war der Rahmen drehbar an der Stückpforte pivotiert (Vorderpivotlafette). Der hintere Teil ruhte mit Stahlrädern auf kreisbogenförmigen, fest mit dem Geschützstand verbundenen Schwenkschienen. Darauf konnte das ganze Geschütz bewegt werden, also Seitenrichtung nehmen. Bei Geschützen in drehbaren Türmen war der Rahmen fest mit dem Geschützstand verbunden.

Mit den Schnelladegeschützen kam 1895 auch die in Großbritannien entwickelte handliche Wiegenlafette in Gebrauch. Sie konnte als Mittelpivotlafette über ein Schneckenschwenkwerk um 360° gedreht werden. Daneben gab es auch noch die Gelenklafette als sogenannte Lafette ohne Rücklauf.

Als wirkungsvollste mechanisch funktionierende Rücklaufbremse erwies sich die Armstrongsche Lamellenbremse. In Frankreich entstand die für Turmgeschütze besonders gut geeignete hydraulische Bremse. Der Rücklauf kleinerer Geschütze wurde vielfach auch noch durch Gummipuffer aufgefangen.

Diese kleineren Kaliber erhielten ihre Höhenrichtung durch altbewährte Richtschrauben, die größeren über bronzene Zahnbogen, die an dem Bodenstück angeschraubt waren. Ein sinnvolles Werk von Rädern und Kurbeln ermöglichte über Ketten das Vor- bzw. Zurückbringen der Lafette auf dem Rahmen. Anfang der 70er Jahre konstruierte man hinten angehobene Schlittenbahnen, was den Vorlauf erheblich erleichterte. Beim Nehmen der Seitenrichtung verwendete man statt der Ketten Taue, die über Wellen mit Kurbelbetrieb liefen. Ende der 70er Jahre bzw. Mitte der 80er Jahre wurden auch diese Vorrichtungen durch hydraulisch funktionierende ersetzt. Das erleichterte das Ein- bzw. Ausrennen, das Nehmen der Seitenrichtung, in nicht geringem Maße auch das Laden und sparte Bedienungspersonal. Zur Bedienung einer der 38-t-Kanonen der bereits erwähnten «Thunderer» waren dadurch beispielsweise nur 8 Mann erforderlich, und die erzielten eine Feuergeschwindigkeit von 1 Schuß je $2^1/_2$ Minuten. Mit Kruppschen 305-mm-Geschützen konnte innerhalb von 3 Minuten 1 Schuß, mit 150-mm-Kanonen 1 Schuß je Minute abgegeben werden. Die Wirkung dieser Geschütze hatte sich gegenüber denen der 70er Jahre verdreifacht, vor allem weil die chemische Industrie wesentlich verbesserte Pulversorten herzustellen vermochte. Auch die Geschoßindustrie war einen großen Schritt bei der Entwicklung panzerbrechender Granaten vorangekommen.

Schnelladegeschütze

Seit 1860 etwa gab es in den Nordstaaten der USA Versuche, für Handfeuerwaffen statt der Papierkartuschen, in denen das Geschoß eingebunden war, Metallhülsen zu verwenden, die ihrerseits das Geschoß trugen. So entstand die sogenannte Patronen-Einheitsmunition. Sie bewährte sich im Sezessionskrieg vor allem bei den Requabatterien (25 nebeneinander befestigte Gewehrläufe) und beim Gatlinggewehr (6 bis 10 Läufe, Kaliber 10,7 bis 25,4 mm, kreisförmig zu einem Bündel vereinigt). Damit wurde bereits eine Feuergeschwindigkeit von 1000 bis 1200 Schuß je Minute erreicht. Vor allem die Gatlinggewehre gaben den Anstoß zur Konstruktion vervollkommneter, zuerst leichter Maschinenwaffen, die zur Abwehr von Torpedobooten bis zu einem gewissen Grade geeignet waren.

Weite Verbreitung haben die sogenannten Revolverkanonen der französischen Firma Hotchkiß mit Kalibern von 37 bis 47 mm gefunden. Die deutsche Marine führte beispielsweise die fünfläufige 37-mm-Hotchkiß-Kanone ein. Sie war auf einer Pivotsäule drehbar gelagert und konnte 60 Schuß je Minute abgeben. Als Geschosse verwendete man 92,5 mm lange Granaten von zylindroogivaler Form mit Messing-

oder Kupferführung. Sie wogen 400 g und enthielten eine Sprengladungsmasse von 23 g. Voraussetzung für diese Konstruktion war die Vervollkommnung der Herstellungsmethoden für die Patronen. In Messing hatte man für die Hülsen ein besonders elastisches Material gefunden. Beim Schuß dehnte sich die Hülsenwand aus, drückte sich gegen das Rohrinnere und besorgte damit die Liderung. Nach dem Druckabfall löste sich die Hülse wieder. Leicht ist es der Technik damals allerdings nicht gefallen, auch für größere Kaliber solche Metallhülsen bzw. Kartuschen aus Messing herzustellen, die der Beanspruchung beim Schuß gewachsen waren, d.h. nicht rissen. Für größere Kaliber benutzte man deshalb weiterhin Zeugkartuschen aus Rohseide.

Der überstehende Fuß am Boden der Metallkartusche mußte zwangsläufig dazu führen, daß Mechanismen zum Herausziehen der leeren Hülsen entwickelt wurden, um schnellstmöglich eine neue Patrone nachladen zu können. So erhielten bald alle Verschlüsse – Längs- wie auch Quer- oder Leitwellenverschlüsse – Ausziehkrallen. Weitere notwendige Verbesserungen vor allem an den Spann- und den Abfeuerungsvorrichtungen folgten. So war mit der

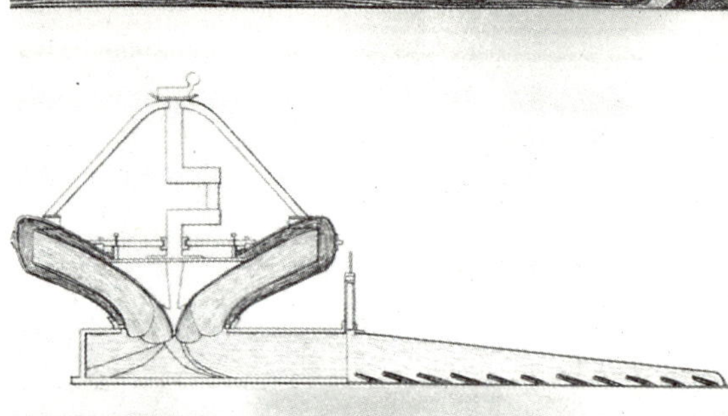

Am 20. 7. 1866 kam es vor der Insel Lissa (Vis) im Adriatischen Meer zu einem Seegefecht zwischen italienischen und österreichischen Flottenkräften, das aufgrund der beteiligten Schiffe als erstes Seegefecht zwischen Panzerschiffen gilt. Immerhin waren von 34 italienischen Einheiten 12 Panzerschiffe. Die Flotte des Österreichers Tegetthoff bestand aus 27 Schiffen, unter ihnen 7 Panzerschiffe. Der österreichische Flottenchef versuchte die Unterlegenheit seiner Flotte durch Rammstöße auszugleichen. Mit seinem Flaggschiff, «Erzherzog Ferdinand Max» (Baujahr 1865, 5222 t, 16 glatte 48-Pfünder-Bombenkanonen, 2 4pfünder) gelang es ihm, das gegnerische Flaggschiff, die Panzerfregatte «Re d'Italia» (Baujahr 1864, 5700 t, 2 254-mm-, 26 164-mm-Geschütze), zu rammen und innerhalb von 3 Minuten zu versenken (rechts im Bild sinkend dargestellt). Der Rammangriff des österreichischen hölzernen Schraubenlinienschiffs «Kaiser» (Mitte) auf die «Re di Portogallo» (Bauj. 1863), Schwesterschiff der «Re d'Italia», blieb dagegen für den Italiener ohne Wirkung. «Kaiser» verlor, wie zu sehen ist, dabei Bugspriet und Fockmast. Der Zufallserfolg Tegetthoffs vor Lissa führte allgemein zu einer Wiederbelebung der aus dem Altertum bekannten Rammtaktik. Links oben im Bild ein Trajektschiff; rechts eine Regatta; dazwischen sowie links und rechts darunter Detaildarstellungen des Wasserstrahlantriebs

Patrone der Weg zur Entwicklung des Schnellademechanismus – übertragbar auch auf größere Kaliber – geebnet worden. Damit gab es für die Torpedoboote und ihre Hauptbewaffnung den entsprechenden, wirkungsvollen Kontrapunkt.

Ab Mitte der 80er Jahre standen auf jeder freien Fläche auf Oberdeck spezielle Antitorpedobootsgeschütze. Große Panzerschiffe erhielten mehr als 20.

Nach den verhältnismäßig kleinkalibrigen Hotchkiß-Revolverkanonen entstanden 57- bis 88-mm-Geschütze mit Mittelpivotlafetten. Der Schütze saß hinter dem Rohr. Durch Drehen von Kurbelrädern per Hand erhielt das Geschütz Seiten- und Höhenrichtung. Die Abzugsleine hatte der Schütze um den Leib. Durch Zurückbeugen wurde der Schuß ausgelöst. Die leichte Panzerung gegen Gewehrfeuer und Splitter machte die Drehung des Geschützes mit. Diese immer noch verhältnismäßig leichte Artillerie, bei der Geschoß und Treibladung zu einer Patrone vereinigt waren, wurde bis zu einem Kaliber von 105 mm gesteigert. 1886 übertrugen britische Geschützhersteller den bewährten Schnellademechanismus auch auf Kanonen der Mittelartillerie. Zuerst entstanden die 120-mm-Geschütze. Bis Mitte der 90er Jahre bildeten 150 mm die oberste Grenze für die Mittelartillerie (Geschoß und Kartusche konnten dabei noch mit der Hand geladen werden). Die Feuergeschwindigkeit dieser 150-mm-Geschütze konnte bald auf 4 bis 5 Schuß je Minute gesteigert werden, wodurch es schließlich gelang, die 3 bis 4 Minuten dauernden Ladepausen bei den schweren Geschützen auszugleichen.

Die treffsicheren Schußentfernungen der schweren Artillerie waren relativ gering. Noch 1890 galten 500 m als günstigste Schußentfernung für die Breitseiten der Batterieschiffe. Als maximale Schußentfernung wurden 1000 m angesehen, obwohl die Granaten bis zu 15000 m weit flogen. Für den Bugschuß von Kasematt- und Turmschiffen wurde allerdings schon eine Entfernung von 2000 m festgelegt, wenngleich das Passiergefecht dann auf 400 bis 800 m ausgetragen wurde. Ein zielsicheres Schießen auf größere Entfernungen war also aufgrund des Fehlens genauer Zieleinrichtungen (Entfernungsmeßgeräte) bzw. effektiver Schießverfahren nicht möglich. So galt immer noch, was der deutsche Konteradmiral Henck 1885 in seinem Buch «Zur See» geschlußfolgert hatte: Das sichere Treffen besteht «in der praktischen Übung und in der auf scharfen Sinnen und kräftigen Nerven beruhenden mechanischen Fertigkeit».

AUF DAS EXPERIMENTIEREN FOLGTE DIE FLOTTENRÜSTUNG

Ausgangs des 19. Jahrhunderts spitzte sich das ökonomische und damit verbunden das politische und militärische Machtstreben der entwickelten kapitalistischen Länder im Weltmaßstab zu. Die wirtschaftliche und territoriale Expansion, der unerbittliche Kampf um Einflußsphären sowie Rohstoff- und Absatzmärkte, das Streben nach Unterwerfung der Schwächeren unter den Stärkeren nahm neue Dimensionen an. In diesen Gesamtprozeß eingeordnet, erhielt der Ausbau der Seestreitkräfte bis zu Beginn des ersten Weltkrieges ein erhöhtes Gewicht. Ab 1820 etwa setzte ein Wechselspiel ununterbrochener Verbesserungen auf allen Gebieten des militärischen Schiffs- und Schiffsmaschinenbaus ein. Das betraf das Fortschreiten auf dem Sektor der Rumpfkonstruktionen – vom Holz zum Eisen und dann zum Stahl; der Panzerung – von verschweißten Eisenbahnschienen, dicken Schmiedeeisenplatten, kombinierten Eisen- und Stahllagen bis zum gehärteten Stahl; der Geschützanordnung – vom Batterie-, Kasematt- und Turmschiff bis zum Standard-Linienschiff; der Kreuzer – vom Fregatten- und Korvetten-Durcheinander bis zum Standard-Kreuzer.

Waren die ersten Dampfkriegsschiffe noch handwerklich und von einer Vielzahl kleiner Produzenten hergestellt worden, so bildete das moderne Panzerschiff der 80er Jahre, wie Friedrich Engels einschätzte, nicht nur ein Produkt, sondern zugleich ein Probestück der modernen kapitalistischen Großindustrie.

Die Zeit des Suchens und des Experimentierens war vorbei. Die gewonnenen praktischen und theoretischen Erkenntnisse wurden von den Marinebehörden in umfangreiche und bis dahin unvorstellbar kostspielige und aufwendige Flottenbauprogramme übergeleitet sowie in neue Einsatzkonzeptionen des bewaffneten Kampfes auf See. Nachdem die USA unmittelbar vor der Jahrhundertwende den ersten imperialistischen Krieg zum Zwecke ihrer Expansion in Lateinamerika und Südostasien gegen Spanien ausgelöst und dabei in bisher ungewohnter Art den Einsatz ihrer Seestreitkräfte praktiziert hatten, erörterten bürgerliche Seekriegstheoretiker Rolle und Platz der Seemacht in künftigen Kriegen. Der nordamerikanische Konteradmiral Alfred Thayer Mahan (1840–1914) verfocht u. a. die These, daß Seemacht und Seeherrschaft eine überragende Bedeutung in den weltpolitischen Auseinandersetzungen der Zukunft zukomme.

Der häufige Umbau des 1876 in Dienst gestellten und 7718 t verdrängenden Panzerschiffs «Preußen» zeugt davon, daß man sich nur allmählich von der Takelage getrennt hat, obwohl sie sich vor allem bei diesem Schiff als sehr hinderlich erwiesen hatte. Unter Segel soll es nur sehr langsame Fahrt gemacht haben. Ursprünglich war das Schiff als Vollschiff mit 1834 m^2 Segelfläche getakelt. Danach wurde sie auf 570 m^2 reduziert. Die Abbildung zeigt die «Preußen» bei der vollständigen Abrüstung im Jahre 1880. Aus dem aktiven Flottendienst schied damit die «Preußen» 1891 als reines Panzerschiff ohne Takelage. Die liegende Einfachexpansionsmaschine von 4024 kW verlieh dem Schiff eine Geschwindigkeit von 14 kn. Am 12. November 1903 wurde die «Preußen» in «Saturn» umbenannt. Unter diesem Namen diente das Schiff als Kohlenhulk für Torpedoboote, bis es 1919 abgewrackt wurde

In Deutschland erklärte Alfred von Tirpitz (1849 bis 1930), damals noch Konteradmiral, später Staatssekretär des Reichsmarineamtes und kaiserlicher Großadmiral, nur durch Seemacht ließen sich in der Welt, «wo Dinge hart aufeinanderstoßen», die Seeinteressen des Staates auf eine «gesunde Grundlage» stellen. Dabei erwies er sich in seiner Funktion in den besonders mit dem Meer zusammenhängenden Fragen als Sachwalter der Monopole, angefangen von der Seekriegsflotte über den Überseehandel, die Hochseefischerei und den Kolonialbesitz bis hin zur weiteren ökonomischen Expansion auf anderen Kontinenten.

Mit dem wissenschaftlich-technischen Fortschritt wurden auch die Maschinenanlagen für Kriegsschiffe verbessert, so daß etwa Mitte der 80er Jahre nach und nach auf die Takelage verzichtet werden konnte. Bei dem hier abgebildeten japanischen Linienschiff «Shikishima» aus dem Jahre 1898 ist von vornherein auf Beseglung verzichtet worden. Das Schiff verdrängte 15 700 t und erreichte bei einer Maschinenleistung von 10 665 kW eine Geschwindigkeit von 18 kn. Die «Shikishima» war mit 4 305-mm-, 14 152-mm-, 32 leichteren Geschützen sowie mit 5 Torpedorohren vom Kaliber 457 mm bestückt. Eines der beiden Schwesterschiffe, die «Mikasa», war bei der Seeschlacht von Tsushima 1905 Flaggschiff des japanischen Flottenchefs

Die Ausgang der 80er Jahre eingeleitete deutsche Flottenrüstung fiel keineswegs zufällig mit dem Regierungsantritt Kaiser Wilhelms II. zusammen. Sie wurde nach einer gewissen Vorbereitungszeit ab 1897/98 im großen Stil betrieben und war das militärische Pendant zur sogenannten Weltpolitik des Kaiserreichs, einer gegen die etablierten Weltmächte gerichteten Politik wirtschaftlicher und politischer

Expansion. Diese Flottenrüstung brachte die kaiserliche Flotte nach der britischen Marine auf den 2. Platz, sie destabilisierte die Lage in Europa und bedeutete letztlich verschärfte Spannungen und gesteigertes Rüstungstempo.

Ende der 80er Jahre ermöglichten die ab 1850 schrittweise gefundenen und immer wieder perfektionierten technischen Lösungen den forcierten Bau von Kriegsschiffen, die den damals modernsten Anforderungen entsprachen und gemäß der Seekriegstheorie für den Kriegseinsatz geeignet schienen.

Der als Teil des allgemeinen Wettrüstens zwischen den entwickelten kapitalistischen Staaten beginnende Schlachtflottenbau mündete in die erste weltweite Auseinandersetzung zwischen den imperialistischen Mächten. In ihrem Verlauf führten die Seestreitkräfte den Krieg zwar auf allen Meeren, entschieden wurde er aber letzten Endes an den Landfronten.

Das Linienschiff «Preußen» nach dem Stapellauf am 31. 10. 1903. Es gehörte zum Typ «Braunschweig», der 5. Serie von Linienschiffen, die im Rahmen der beschleunigten Flottenrüstung Deutschlands entstanden sind

LITERATUR-AUSWAHL

Engels, F.: Ausgewählte militärische Schriften, Bd. I/II, Berlin 1958.

Gorschkow, S. G.: Seemacht des Staates, Berlin 1978.

Marx, K./ Engels, F.: Werke, Bd. 12 bis 15, Berlin 1960 bis 1962.

Sacharow, S. E.: Istorija Wojenno-Morskogo Iskustwo, Moskwa 1969.

Shershow, A. P.: K Istorii Wojenno Korablestrojenija, Moskwa 1952.

Alden, J. D.: The American Steel Navy (1883–1909), Annapolis 1972.

Alten, G. v.: Handbuch für Heer und Flotte, Berlin/Leipzig/Wien/Stuttgart 1909–1914.

– Archiv für Seewesen, Wien/Triest 1865 bis 1866.

Bobrik, E.: Allgemeines Nautisches Wörterbuch, Leipzig 1848.

Bogoljubow, N.: Istorija Korablja, Tom 1/2, Moskwa 1879.

Brassey, T. A.: The Naval Annual, Portsmouth 1886ff.

Brommy, R./ Littrow, H. v.: Die Marine, Wien/Pest/Leipzig 1878 (Neu bearbeitet von J. F. v. Kronenfels).

Chesneau, R./ Kolesnik, E. M.: Conways All the Worlds Fighting Ships 1860–1905, Greenwich/London 1979.

Cowburn, Ph.: The Warships in History, London/Melbourne 1966.

Foss: Marine-Kunde, Stuttgart/Berlin/Leipzig o. J. (etwa 1910).

Galster, C.: Die Schiffs- und Küstengeschütze der deutschen Marine, Berlin 1876.

Henk, L. v.: Zur See, Hamburg 1885/1895.

Huning, E. O.: Die Entwicklung der Schiffs- und Küstenartillerie bis zur Gegenwart, Berlin/Leipzig 1912.

Kelley, J. D. J.: Our Navy, its Growth and Achievements, Hartford 1897.

Knorr, E.: Handbuch der Schiffs-Dampfmaschinenkunde, Berlin 1867.

Kronenfels, J. F. v.: Das schwimmende Flottenmaterial der Seemächte, Wien/Pest/Leipzig 1881.

Lossing, B. J.: The Story of the United States Navy, New York 1880.

Michaelis: Die Schiffsartillerie im Wandel der Zeiten. In: Marinerundschau, Jg. 37, Berlin 1932.

– Oesterreichische Marine-Zeitschrift, Triest ab 1853.

Padfield, P.: Waffen auf See, Bielefeld/Berlin 1978.

Radunz, K.: 100 Jahre Dampfschiffahrt 1807–1907, Rostock 1907.

Ronciere, Ch. de la: Histoire de la Marine Française, Paris 1934.

Schwarz, T.:	Die Entwicklung des Kriegsschiffbaues vom Altertum bis zur Neuzeit, Teil II, Leipzig 1909.
Werner, R.:	Atlas des Seewesens, Leipzig 1871.
Weselago, F. F.:	Kratkaja istorija russkogo flota, Moskwa/Leningrad 1939.
Weselago, F. F.:	Spisok russkich wojennych sudow w 1668 po 1860 gg., Moskwa 1872.
Wirginski, W. S.:	Robert Fulton, Moskwa 1965.
Wislicenus, G.:	Die Entwicklung der Seekriegswaffen. In: Nautische Bibliothek, Berlin 1910.
–	Wörterbuch zur deutschen Militärgeschichte, Berlin 1985.
Zepelin, C. v.:	Die Heere und Flotten der Gegenwart, Berlin 1897–1898.

Darüber hinaus lieferten vor allem zahlreiche Beiträge in den sowjetischen Zeitschriften «Morskoi Sbornik» (Moskwa) und «Sudostrojenie» (Leningrad) sowie die Text- und Kartenbände des «Morskoi Atlas» (Moskwa 1959–1962) und die achtbändige «Sowjetskaja Wojennaja Enzyklopedija» (Moskwa 1977–1980) wichtige, größtenteils neu erschlossene Details und Daten zur Geschichte der russischen Marine des 19. Jahrhunderts.

Bildnachweis

Archiv Verfasser (27); Isdatelstwo «Planeta», Moskwa (2); Museé de Marine, Paris (1); National Maritime Museum, Greenwich (1); Naval Museum (1); Parker Gallery (1); Schiffahrtsmuseum, Rostock (4); Science Museum, London (1); Werkfoto Kaiserliche Werft in Wilhelmshaven und Kiel (5).

Aus folgenden Büchern wurden Abbildungen reproduziert: J. D. Alden, The American Steel Navy (1883–1909), Annapolis 1972 (4); Buch der Erfindungen, Leipzig o. J., Bd. 7 (4); E. W. Cooke, Shipping and Craft, London 1829 (1); Deutsche Kriegsschiffe, Magdeburg 1897 (4); H. Frobenius, Militärlexikon, Berlin o. J. (1); C. Galster, Die Schiffs- und Küstengeschütze der deutschen Marine, Berlin 1876 (6); L. v. Henk, Zur See, Berlin/Leipzig 1885 (14); E. Hoefer, Küstenfahrten an der Nord- und Ostsee, Stuttgart o. J. (2); F. Jane, Ketzereien über Seemacht, Leipzig 1907 (1); J. D. J. Kelley. Our Navy, its Growth and Achievements, Hartford 1897 (5); A. Kircher, Deutschlands Flotte, München 1934 (6); Meyers Konversationslexikon, Leipzig/Wien, 1889, 1903, 1904, 1909, Bd. 4, 7, 15 (16); R. Werner, Atlas des Seewesens, Leipzig 1871 (5).

Bei folgenden Personen und Institutionen, die fotografische Vorlagen und literarische Quellen zur Verfügung stellten, möchten wir uns recht herzlich bedanken: Bibliothek des Militärgeschichtlichen Instituts der DDR, Potsdam; Deutsche Staatsbibliothek, Berlin; Isdatelstwo «Planeta», Moskwa; Museum für Deutsche Geschichte, Berlin; Maler und Grafiker Hans Räde, Berlin; Schiffahrtsmuseum, Rostock; Maler und Grafiker Georg Seyler, Berlin.

Gondrom Verlag, Bindlach 1989
1. Auflage
© by Militärverlag der Deutschen Demokratischen Republik
Vom Militärverlag genehmigte Lizenzausgabe
Alle Rechte vorbehalten
Gesamtherstellung: Grafische Werke Zwickau
Printed in the German Democratic Republic
ISBN 3-8112-0626-5

R. Knötel.